SNSで売る!

「いいね」を「買います」に変える テクニック

鈴木 宏佳
新大陸 (株式会社新大陸 代表取締役CEO)

合同フォレスト

まえがき

上がり続ける集客コスト
鳴らない電話
閑古鳥が鳴く店

もしも、あなたがこんな状況に頭を抱えているなら、悲観することはありません。それはあなたの会社に限ったことではないからです。私たち「新大陸」には、あなたと同じような悩みをもった企業から、たくさん相談が届きます。

インターネットが登場してスマートフォンが浸透した今、大手・中小企業にかかわらず大きな変化の時を迎えています。マーケティング担当者は、チラシなどの「オールドメディア（古いメディア）の終焉」に直面しているのです。

これまでチラシや雑誌での集客に依存してきた方にとっては耳の痛い話かもしれませんが、実際に350社以上のクライアントにWebマーケティングサービスを提供している私の実体験から、それが現実と言わざるを得ません。では、オールドメディアの終焉はなぜ起こったのか。その答えは至ってシンプル。

身近なメディアが、紙からスマートフォンに変わったからです。

これ以外に答えはありません。おそらく、あなたもスマートフォンをお持ちでしょうから「そんなの当たり前だ」とおっしゃるでしょう。しかしスマートフォンは、一ユーザーの生活が便利に変わったという以上に、企業の**マーケティングに大きな変化をもたらしているのです。**

本書は、この歴史的な変化をピンチでなく、チャンスに変えたいと願う中小企業経営者、そしてマーケティングの担当者の皆様のためのものです。

第1章では、私が過去に経験した数々の失敗から、SNSを活用するマーケティングの可能性に気付くまでの過程を紹介しています。これは、私が歩んできた道のりは、いま悩みを抱えているあなたと同じなのではないかという思いと、著者の私のことを少しでも知っていただくことで、この本を上梓した意味を理解してほしいという願いからです。

第2章では、これまでのマーケティングが通用しなくなった厳しい現実と、これからのWebマーケティングの可能性について述べます。マーケティングは進化するものので逆行することはありません。本章を読んで心に新しい灯りをともしていただければと思います。

第3章では、SNSの代表ともいうべきFacebook、Instagram、Twitterとは何なのか、それぞれの特性を紹介します。

第4章から5章にかけては、Webマーケティングの三本柱「トリプルメディア」によるマーケティングへの取り組みが、ビジネスにいかに大きな影響があるかを解説しています。Facebook、Instagramなどのソーシャルメディアを実際に運用する際のマーケティング手法、コンテンツの活用法、ブログについて詳しく説明していきます。このノウハウを得るために、私たちは大きな投資と数々の失敗をしました。しかし、本書を読まれた方にはその必要がなくなるでしょう。本書は私たちの経験から得られた知見をまとめているからです。

第6章から7章にかけては、マーケティングノウハウをさらに実践的に掘り下げ、SNS運用のためのチーム運営や投稿記事の作り方について解説します。

第8章では、実際に新大陸がパートナーとしてお付き合いさせていただき、SNSをはじめトリプルメディアの運用で成果をあげたクライアントの成功事例を紹介します。この先駆者たちから多くのことを学んでいただけると幸甚です。

第9章では、Webマーケティングで成果をあげるためのブランディングについて解説します。ソーシャルメディアの知識を得たり、活用ノウハウを得たりするのも大切なことですが、もう一つの軸となる「ブランディング」も欠かせないということもぜひ伝えておかなくては、という思いがあって加えた章です。

マーケティングで大事なのは、**理論や概念だけではなく具体的な運用スキルをしっかり把握すること**です。その上でトライ&エラーを重ねて、結果に結びつけていく。泥臭いと思うかもしれませんが、知識と実践の両輪で動かさなければ、成功の道を進むことはできません。

この本を手に取ったあなたには、トライ&エラーを極力減らし、正しい知識を身につけ、なるべく近道を通って効果を実感してほしい。私はそういう思いを込めて本書を執筆しました。

「最も強い者が生き残るのではなく、最も賢い者が生き延びるのではない。唯一生き残ることができるのは、変化できる者である」

イギリスの自然科学者チャールズ・ダーウィンが残した名言です。変化は恐ろしく時に苦しいものです。しかしその向こうに可能性があることを信じてください。本書は、変化へ果敢に挑戦し、情熱をもって事業を展開しているすべての企業に役立つノウハウであると確信しています。「自分の会社なら、どう当てはまるか」。そんな視点をもって読み進めていただければ、より理解が深まると思います。

2020年4月　鈴木　宏佳

目次

第3章 ソーシャルメディアの使い方

第4章 トリプルメディアマーケティング

第7章　コンテンツの作り方

第8章　ソーシャルメディア運用の成功事例

第9章　会社をブランド化する

第 1 章

ソーシャルメディアとの出会い

1　結果の出せないコンサルタント

モノやサービスが売れていく仕組みが好きです。学生時代からさまざまな業界のマーケティングに興味を持ち、卒業後はマーケティングコンサルタントのベンチャー企業に就職しました。入社早々待っていたのは毎日300件を超えるテレアポ（テレフォンアポイント）でした。ニーズがあるのかどうかもわからないまま、ひたすら電話をかける日々。初めの1か月は受注ゼロ、2か月目にようやく初受注を上げましたが、先輩の同行あってのもの。それでも徐々にアポイントも取れるようになり、FAXDMやセールスレターなどマーケティング手法も合わせて実績をあげました。ところが、いくらコンサルタントがノウハウを提供したところで、成果を出す企業はせいぜい1割という実情。私はしだいに「コンサルタント」に疑念を抱くようになりました。

なぜ9割は成果が出ないのか。それは、お客様が聞いて満足してしまい、実行しないからです。本当に成果を出すためには、コンサルタントが単なるサポーターにとどまるのではなく、成果にコミットしなければならないのではないか？　これからはコンサルティングも行い、実務も請け負う新しいビジネスモデルが必要なのではないか？　この先コンサルティング会社を立ち上げるなら、そんな会社をつくろう！　そう心に誓い、私は独立を決めました。

2 地域特化の価格訴求サイト「ハンガクロック」誕生

独立後はまず、父の事業――ラーメン店FC（フランチャイズ・チェーン）の経営――を承継しました。売るものが４００万円のコンサルティングから５００円のラーメンになったわけです。

代替わりを機に人が辞め、店内は人員不足でてんやわんや、集客の問題も深刻でした。２００８年当時は、地域ビジネスの広告といえばチラシかフリーペーパー。毎月数十万円の広告費をかけて出稿するものの、客足は目に見えて落ちていき、赤字ギリギリ。経営状況はまったく好転しません。

さらに、リーマンショックという未曾有の不景気で大ダメージをこうむり、店には閑古鳥が鳴いていました。少しは手ごたえのあったチラシやフリーペーパーなども、広告効果は壊滅状態に。これ以上会社を存続させることは難しいというボーダーラインが見えた時、意を決して不採算店舗をクローズ。残した店舗も飲食店経験のあるオーナーにＦＣとして引き受けてもらい、自分が心から情熱を傾けられる新しい事業を立ち上げようと決めました。

新規事業として目をつけたのが「フラッシュマーケティング」と呼ばれる、共同購入型クーポンサイトです。期間限定や枚数限定のクーポンで集中的に集客する手法が「チラシに代わる新しい店舗集客の広告」と話題になっていました。当時は「グルーポン」や「ポンパレ」といったサイトが全国的に有名でしたが、地方都市にはまだ浸透していませんでした。

地域ビジネスの集客はスマートフォンが肝

独立から2年、3年と月日が経つうちに、Twitter や Facebook など画期的なソーシャルメディアに人々は魅了され、若い世代を中心にスマートフォン片手の生活が始まろうとしていました。巷では「一過性のブーム」という見方が強かったようですが、私はスマートフォン市場やＷｅｂの発展は疑いようがないと確信していました。そこで、静岡県に特化した共同購入サイト「ハンガクロック」を立ち上げました。いずれスマートフォンの時代が来るとにらんで、Ｗｅｂサービスのビジネスをスタートさせ

図1-1 初めて事業化したWeb集客サービス。
価格訴求に価値の訴求も加えた共同購入サイト「ハンガクロック」

出典：浜松経済新聞（https://hamamatsu.keizai.biz/headline/320/）

たのです。

　フラッシュマーケティングというトレンドを追ったビジネスモデルでしたが、平たく言えば**価格訴求**です。ただ、ラーメン店のチラシで『価格訴求によって集めた客は、リピートしてくれない』と身にしみていたので、単なる安売りになってはいけないと、「顧客特性を踏まえた進化系のサービス」に設計しました。クーポンの掲載だけでなく、店舗の魅力が伝わるよう写真を添えた取材記事の掲載を差別化ポイントとしました。**価格と価値の双方で訴求する共同購入**サイト、それが「ハンガクロック」です（図1—1）。

　サイトへの掲載は無料。閲覧者が発行したクーポンの枚数に応じて広告料をいただく、いわば成果報酬型のメディアです。1000円の料理を500円のクーポンにし、クーポンが100枚発行されれば売上は5万円。その売上を、広告を出してくれた店と折半するという仕組み。店舗からすればクーポンが発行された分（集客可能な人数分）だけ広告費を後払いするのでリスクは低く、おまけに取材記事もついてくるため一石二鳥です。

500社のクライアントに10万人を集客

サービスの立ち上げ当初、会社員時代のテレアポ経験が役に立ちました。ニーズのありそうな店舗へ電話をかけてアポを取り、営業に行くという例のスタイルです。「成果報酬型の広告」という斬新なモデルが経営者に喜ばれ、受注はどんどん膨らみ、営業に行けば行くだけ契約数は伸びました。

契約後に店舗を再訪問し、料理を試食。感想や店員紹介、こだわりなどをレポートにまとめ、「ハンガクロック」のシステムに登録します。最初はこうした一連の作業を1人でやっていましたが、契約数が50社を超えたころ、営業スタッフと制作スタッフを雇い入れ、徐々に規模を拡大していきました。最終的には営業4人、制作4人体制で計500社のクライアントを獲得、のべ10万人にクーポンを発行しました。テレビCMなどの影響も後押しし、商圏は静岡全域に拡大、共同購入サイトのランキングでは全国12位にランクインするまでに成長しました。

3 事業撤退で知ったマーケティングの本質

ここまで読まれた読者は、さぞや商いは順調だったろうと思われるかもしれませんが、実は「ハンガクロック」の事業はずっと赤字でした。理由は単純で、クーポンという薄利多売のビジネスであるため、損益分岐が高くなってしまうからです。５００円のクーポンを１００人に発行して売上は5万円、私たちの手取りは2万5千円にしかなりません。この１件を獲るためにテレアポして営業に赴き、記事の制作も行うので、コストに見合いません。けれども、一度掲載すれば解約されることは少ないと踏んでいたため、どんどん先行投資を重ねていきました。

薄利多売のビジネスはリピート客ありきです。ところがフタを開けてみれば、生命線だったリピート客は驚くほど少なかったのです。フラッシュマーケティングの広告を取り入れるからには、企業にも高いマーケティング力が求められます。価格訴求で集めた客はリピートしてくれない、という不文律があるため、フラッシュマーケティングでつかまえたお客様が自社のファンになってくれるように、関係を育んでいかなくてはなりません。この集客モデルを理解して実際にリピートにつなげる取り組みができた店舗は、100社中5社程度でした。「ハンガクロック」では、取材記事によって価値を高めようとしましたが、それだけでは高いリピート率を獲得するに至らなかったのです。

光のように一瞬にして集客することから名付けられたフラッシュマーケティングは、きらびやかな価格に目がくらんで本来の価値を見失うというデメリットも併せ持ちます。その特性を理解していながらも、満足なマーケティングソリューションを提供できなかった私にも責任があるので、「ハンガクロック」の失敗は必然だったのかもしれません。

それでも諦めるわけにはいかないと、加盟事業者向けに広告運用やコンサルティングのアップセルも提案しましたが、個人経営店の多くはコンサルティングを頼めるほどの余裕はありません。そうこうしているうちにリーマンショックの不景気も底を打ち、安さで人は動かなくなっていきました。さまざまな共同購入サイトが衰退を見せる中、「ハンガクロック」も例外ではなく、新規獲得を停止し、既存事業者のリピートを消化しながらその幕を閉じました。

4 マスの終焉とソーシャルメディア時代の到来

「ハンガクロック」の失敗から学んだことは、集客の源が何たるかを知り得たことです。それはリピートしてくれるファンの存在です。一時の集客にこだわると、新規のお客様が通り過ぎて行くだけで、継続的なビジネスの基盤とはならないと深く心に刻みました。

「ハンガクロック」が衰退しても従業員を抱えていたため、早々に他の事業を立ち上げる必要がありました。今度こそ成功するビジネスモデルを構築したい。私は「ハンガクロック」の反省点をもとに、新規事業の企画に取りかかりました。

加速度的にスマートフォンの普及が進み、時代はSNSやアプリなどプラットフォームを軸としたマーケティングを提案するサービスに転換していました。特にFacebookやTwitterといったソーシャルメディアの隆盛は目をみはるものがありました。

それまで、店舗業の告知は、チラシやフリーペーパーが主流でした。それらは当然有料です。先進的な会社でも、せいぜいホームページを立ち上げるくらいの頃です。「ハンガクロック」の運営にもＳＮＳを活用していたため、その威力を実感していた私はそれらにＳＮＳがとって代わるのだと確信を強めました。

チラシやフリーペーパーでの情報発信に莫大な費用がかかっていたのに対し、ソーシャルメディアなら無料で情報を流通させることができます。無料で掲載できる上に、拡散させることもできるのです。これはマーケティングにおける革命的な出来事だと興奮しました。紙を使わない無料のメディアが、これから地域ビジネスのマーケティングの基盤となると考えたのです。こうして、次なるビジネスの核ができあがりました。

ソーシャルメディア運用サービス

すでに世の中には、Facebook のマーク・ザッカーバーグをはじめ天才的な能力と莫大な資金を持つエンジニアたちが構築した立派なプラットフォームがありました。今求められているのは、こうしたプラットフォームを使った正しいマーケティングを運用する役割だと私は考えました。

図 1-2　印刷会社／Web制作会社／広告代理店の比較

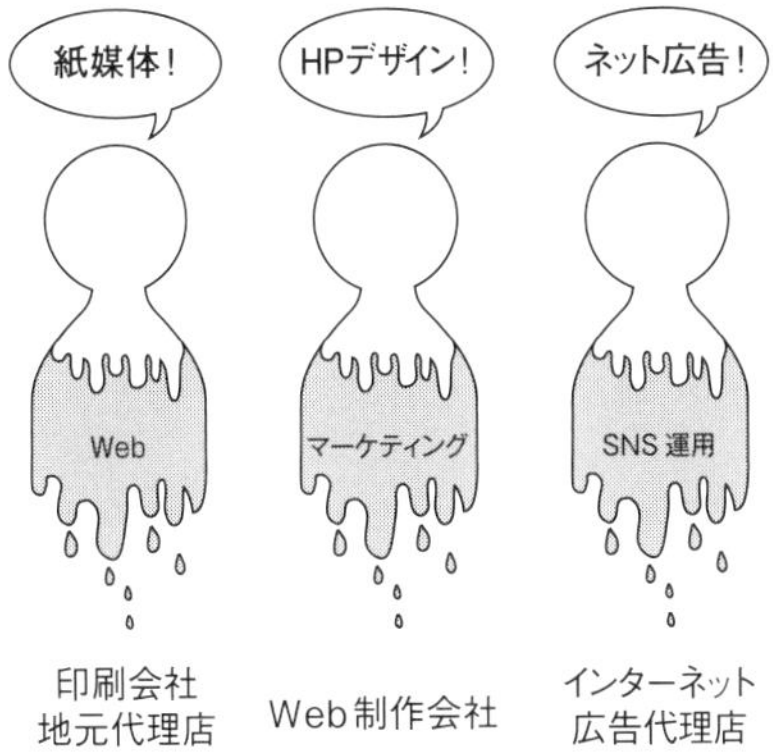

当時はそんなサービスを提供する企業はまだ見当たりませんでした。多くの広告代理店はマスメディアや紙媒体について熟知していても、Ｗｅｂのこととなると驚くほど無知でした。Ｗｅｂ制作会社も同様で、制作物を納品するまではできても、その先のマーケティングは業務の範疇外。ＳＥＯやリスティング広告などを扱うインターネット広告代理店ですら、Ｗｅｂのプラットフォーム運用となると畑違いに等しかったのです（図1―2）。

そこで私は「ソーシャルメディア運用サービス」という、当時まだ誰も着手していなかった事業の立ち上げを企画しました。ＳＮＳはラーメン店の時代から使い、「ハンガクロック」では集客にも役立てていました。このスキルやノウハウを活かして、顧客のＷｅｂでの情報発信をサポートしていこうとしたのです。

サービスの価値をひとことで言うと「無料のソーシャルメディアに情報を掲載して集客ができる」ということになります。簡単そうに聞こえますが、舞台裏では専門的で緻密なマーケティングのスキルや知識が必要です。

一例を挙げると、消費行動心理や行動パターンなどをデータから読み取って、精密なマーケティング戦略を構築し、広報や営業から得る顧客ニーズをコンテンツ化することに加え、ブログやＳＮＳなど度重なる仕様変更を伴う実務オペレーションまで正確に把握する必要があります。

さらに掘り下げれば、次のようなことを決めていかなくてはなりません。

・プラットフォームは何を使うべきか？
・コンテンツのボリュームや内容は？
・投稿頻度や時間は？
・フォロワーの集め方や拡散方法は？

「ソーシャルメディアを運用する」と言っても、そのサービス業務は多岐に渡ります。私は綿密なビジネスモデルを練り上げ、サービス提供に必要な人材を集め、ソーシャルメディア運用サービスの商品化を進めていきました。

5 SNSで「家」を売る

練り上げたビジネスモデルに自信はありましたが、クライアントがいなければビジネスは動き出しません。はじめに手を挙げてくれたのが、「ハンガクロック」の時代に知り合った工務店でした。

新規事業の最初に取り組む商品が「家」だったことで、私は高揚しました。商品価格は、軽く8桁。500円のラーメンから、またもやの飛躍です。しかも家をSNSで売ろうというのです。慎重に検討を重ねるはずの高額商品ですから、価値訴求は欠かせません。しかし私には、SNSでできるはずだという確信がありました。

ソーシャルメディア運用の提案に対して、工務店さんからはその日のうちに「やります」と即答いただきました。「これからはWebの時代なんだろうけど、残念ながら自分にはわからない。可能性があるなら、あなたに全部任せたい」と言っていただいたのです。

それからブログやFacebook、Twitterなどメディアのアカウントを立ち上げ、月に一度取材に赴いてコンテンツ（記事）を作成。アカウントの管理や投稿も、私の会社「新大陸」で代行することになりました。全部任せると言ってもらったことの喜びと、それに伴う重い責任――その両方をかみしめながら、まるで自分の会社を立ち上げたつもりで、ひとりでも多く集客できるよう運用の改善を重ねていきました。すると次第に効果が現れ、年間施工棟数3棟だった受注が、1年半後には3倍に成長し、10棟契約するまでになったのです。

この事例を皮切りに「ハンガクロック」でお付き合いのあった企業へ提案をしていきました。誰しもが「Ｗｅｂの時代だとは思っている。やりたいけれど、やり方がわからない。手が出せない」と、待っていたかのように私の提案を聞いてくださるのです。ほぼ１００パーセントに近い割合で契約が決まっていきました。

これには素直に嬉しいという気持ちもありましたが、私自身、店舗経営の厳しさが身にしみていただけに「その店にしかない価値を訴求して、ゆるぎないファンを作る」マーケティングというビジネスに強くやりがいを感じました。

6 時代が追い風となりクライアントは350社を突破

営業を開始してからものの数か月で、クライアントは浜松だけで20社を超えました。そこからはまた社員を増員。さらに自宅に入っていたチラシの会社に電話をかけてみると、思っていた通りの反応があり、着実にクライアントは増えていきました。

受注に力を入れるだけでなく、サービスの精度を上げるため、頻繁に顧客ニーズや事例を共有する場を求めて、業務改善を重ねました。

ソーシャルメディア運用サービスは、機械ではなくマンパワーによる運用であるため、スタッフの教育には人一倍力を入れてきました。はじめは浜松近辺での営業でしたが、東京からのお問い合わせも徐々に増えてきました。思い切って東京に拠点を構え、いざ営業を開始してみると、浜松と同じように「このサービスを待っていた」と言ってくださるのです。一気に10社以上のクライアントに契約していただき、自信を深めました。

クライアントが50社を超えるまではテレアポを中心に営業していましたが、顧客からの紹介も増えてきました。つい数年前まで私自身もテレアポをしていましたが、最近では全国から講演依頼をいただき、忙しく日本中を飛び回っています。おかげでクライアントは九州から東北まで、大阪オフィス、福岡オフィスを開設してからはさらに増え、2020年時点でクライアントは350社を超えました。

「新大陸」のソーシャルメディア運用サービスは、1年以上のサービス継続率が90パーセント。残りの10パーセントをなくすために、東京・浜松・大阪・福岡と50名近いスタッフが連携しあって日々、サービスのブラッシュアップに努めています。

本書を手に取ってくださったみなさんは、現状打破を望み、チャレンジしたいと考える、意欲的でさまざまな経験を積んでいる方々でしょうから、概略や論理を理解するのはたやすいと思います。ただし、**正しく実践できるのは、ほんのひと握りだ**と私は考えています。なぜなら本書は、日進月歩のWebの世界を長年にわたって研究し、小難しくて手間のかかることをサービスとして提供し続けている、私たちの全貌であり、実行するのはとても大変なことだと身をもって知っているからです。

本書で紹介する「ソーシャルメディア運用の秘訣」は、単なる机上の空論ではなく、これまで私が行ってきた飲食チェーン経営やWebサービス運営といった実業、350社以上のソーシャルメディアを運用してきた経験則に基づくものです。ノウハウや知識を余すところなくお伝えしますので「社内にソーシャルメディア運用チームを立ち上げる！」くらいの覚悟をもって読んでほしいと思います。実践して、試行錯誤して、はじめて成果が出る——そのことを、ぜひお忘れなく。

第2章

ソーシャルメディアの可能性

1 時代の立役者はスマートフォン

スマートフォンが登場した2007年以降、ビジネスを取り巻く環境は大きく変わりました。私が経営していたラーメンチェーンをはじめとする飲食業はもちろんのこと、地域に店舗を構えてビジネス展開する中小企業は、折り込みチラシや新聞広告などの紙媒体への反響がいちじるしく低下したことを、痛いほど実感してきたことでしょう。私も「ニーズの低下」「人口減少」などさまざまな外的要因から原因を模索しましたが、当時は、これといった業績低迷の理由を見つけることはできませんでした。

では、何が原因でビジネスが衰退するのでしょうか。今の私なら「消費行動の変化に対応しきれていない」のひとことに尽きると答えます。冒頭にダーウィンの進化論を持ち出した理由はそこにあります。消費者の変化に対応できなければ、会社は生き残れないのです。

2019年現在、日本におけるスマートフォンの普及率は全人口の約80%を越えています（図2―2）。老若男女が手元の携帯電話で情報を得る時代です。ひと昔前には考えられなかった姿ですが、これが現実です。一番身近なメディアは、紙からスマートフォンへかわりました。この時代に「チラシを打ってもお客が来ない」と嘆いていても先には進めないのです。

2 「検索」はもう古い。「情報を引き寄せる」時代

「検索」――検索エンジンを開いて目的のWebサイトを探す――それさえ、ひと昔前の行動と言われます。今日では、多くのユーザーはスマートフォンのホーム画面のアプリを立ち上げ、受動的に情報を得ています。1日に何度もチェックするソーシャル・ネットワーキング・サービス（SNS）では、友人知人たちの近況が、画像や動画とともに流れてきます。何を見て、何を買って、気に入ったのか、どう良かったのか、他と比べてどうか、次は何に注目しているのか……と、まるでおしゃべりをするような気軽さで情報に触れています。

図2―1からもわかるように、新聞の購読率は2015年時点で、30代で約10%、20代ではわずか5%です。購読時間にいたっては、たったの20分。新聞をとっている人ですら読んでいないという事実が容易に推測できます。

図 2-1 新聞の購読率

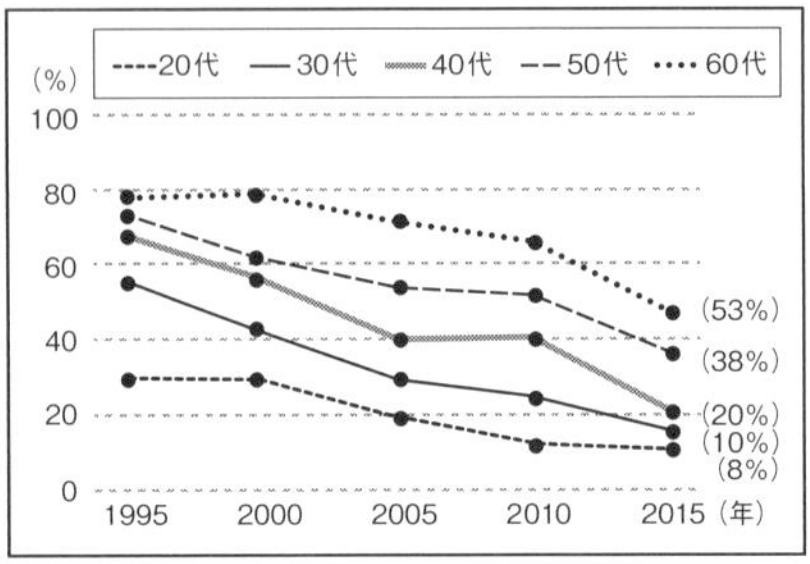

出典：NHK 放送文化研究所「2015年国民生活時間調査」

図 2-2 スマートフォン普及率

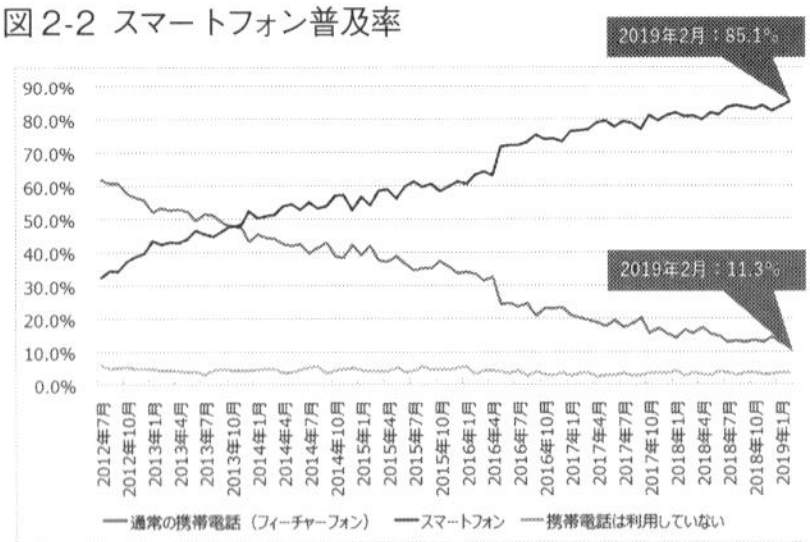

出典：MarketingReseachCamp 2019年 スマートフォン利用率データより(https://marketing-rc.com/article/20160731)

図 2-3 スマートフォンの利用時間

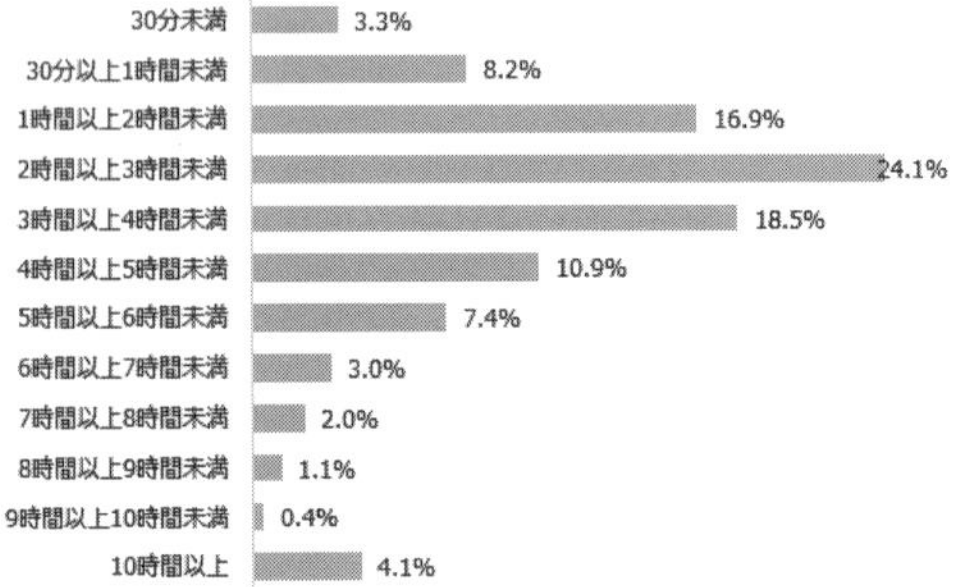

出典：MMD 研究所「2018 年版スマートフォン利用者実態調査」

それに比べて、スマートフォンの閲覧時間は1日2～4時間の方が多く（図2―3）、そのうち約40分をSNSに費やしています。紙媒体の衰退に反比例して、急速にスマートフォンが生活に入り込んでいるという実態が見えます。ここまで消費行動が変化すれば、紙媒体に依存し続ける企業の衰退は必然と言ってもいいでしょう。たかが数年と思うかもしれませんが、ネットで1日に流通する情報量は、スマートフォンが登場した10年前から、今なお爆発的に増え続けているのです。

3 購買行動は、AIDMAからAISCEASへ

現代の消費者の購買行動は、AISCEASモデルが代表的なものとして知られます（図2―4）。

かつてはAIDMAモデルA（Attention 注意）I（Interest 興味）D（Desire 欲求）M（Memory 記憶）A（Action 行動）と言われた購買行動に、ネット特有の行動であるS（検索）C（比較）E（検討）S（共有）が加わったのです（図2―4）。

では、実際に何がどう変わったのか？

図2-4　Web時代の購買行動AISCEASモデル

私はこの変化を説明するとき、「営業マンの役割」という例え話をします。情報が少なかった時代、消費者は購買の意思決定に必要な情報を営業マンから集めていました。チラシで情報を見つけたら電話をかけて直接会い、営業マンから説明を受ける。しかし現在、消費者は商品の購入を考えると、まずは手元のスマートフォンから指1本で情報収集します。商品の基本情報から取り扱い先の評判まで、上でいうところのS（検索）C（比較）E（検討）を、ものの数分で調べることができるのです。

住宅会社を例にとってみましょう。消費者が問い合わせに至るまでに、ホームページ（HP）を100回近く閲覧しているというデータがあります。以前は営業マンが一から十までお客様の世話をしていましたが、今やその6割ほどがWeb、残りの4割が営業マンという役割分担になってきたと感じています。もはや、Webは営業マンそのものなのです。

言い換えれば、Ｗｅｂ上に営業マンの説明と同じだけの情報量を開示しておく必要があるということです。消費者はいきなりリアル店舗に行くのではなく、ホームページ（ＨＰ）やソーシャル・ネットワーキング・サービス（ＳＮＳ）というバーチャル店舗にスマホで行って検討します。そこに魅力的な情報があるかないかで、購買意欲は左右されると考えると、わかりやすいでしょう。

4 Webと営業マンの予算配分は8対2

営業マンは対面で情報をやりとりします。情報だけでなく、その人となりで、いわば会社の「顔」の役目も果たしていました。それをＷｅｂに置き換え、コンテンツ化するのは並大抵なことではありません。

意思決定に必要な情報だけでなく、会社の雰囲気といった包括的なことまで、言語化・ビジュアル化しなくてはならないからです。そのため、マーケティングと営業の予算のかけ方が大きく違ってきます。

これまでは「マーケティング：営業マン」は2対8の割合で、例えば、１０００万円の予算なら広告費に200万円を充てて、営業マンを800万円で雇っていました。しかし前述したように、購買行動のうちWeb上でS（検索）C（比較）E（検討）にかける時間が圧倒的に増えたのです。これからは「マーケティング対営業マン」は8対2の配分で、Webや広告に800万円を投資して、営業マンに200万円をかけるスタンスが実情に見合っています。

多くの企業は従来の予算配分を変えずに、その予算内でのマーケティング施策を考えますが、そこには限界があります。紙からWebなどへ媒体の見直しだけでは済まされないからです。

よって、大きく変化した消費行動に対応するには、従来のマーケティングと営業の予算を見直すくらいの大胆なパラダイムシフトが必要だと私は考えています。

5 本物だけが生き残る時代へ

SNSが普及して、企業はどんなマーケティング上のメリットを得られるようになったのか？　大きく二つ挙げられます。

まず一つ目は、情報の流通にかかる費用が0円になったことです。これまでは企業が自社の情報を消費者に届けるために、チラシや広告といった紙媒体に多額の費用を支払っていました。そのうえ、消費者の目にとまるような安さの訴求をしなければ注意すら引けず、来客ゼロ、問合せゼロと成果なしで終えるケースもありました。

そして二つ目は、見込み客育成ができるようになったことです。はじめは何の気なしに情報を得ていた消費者は、継続的に接触を重ねるうちに企業への好感を覚え、購買意欲が高まっていくようになります。情報流通に費用をかける必要がなくなったうえに、キャンペーンなどの単発訴求に終わっていたチラシと比べて、明らかにお客様との関わり方が変わりました。

安さや目先の利益を得ようと訪れたお客様はリピートしてくれませんし、リピートしないお客様をいくら集めてもビジネスの成長は望めません。企業が成長していくためには、お客様を超えた「ファン」の存在が不可欠なのです。したがって、SNSが主流になってきた今、より本質的なマーケティングが可能になったと考えられます。

紙の時代には、情報を流通させるだけで安くはない費用がかかり、消費行動の本質に迫るのは困難でした。情報を定期的かつ定量的に無料で発信できるようになった今、もはや単発客を集めるモデルを追う必要はないと言えるでしょう（図2—5）。

図2-5 ファンを育てる新たなマーケティング

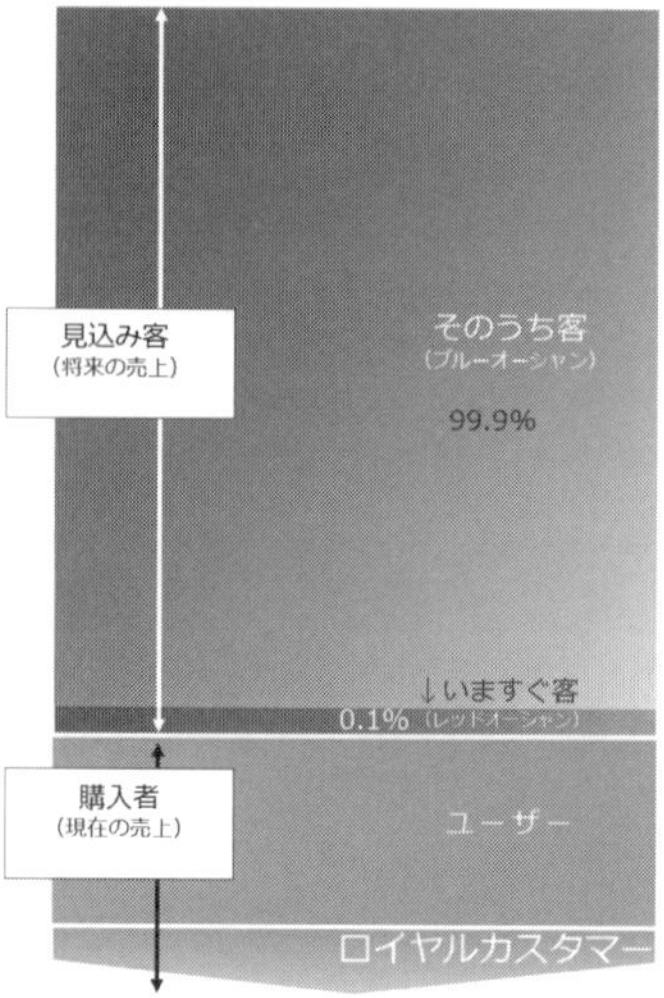

あなたのビジネスにかける思いや商品・サービスへのこだわり、そして届けたい価値を伝え続ければ、あなたの商品・サービスを心から買いたいという人が集まるようになります。

次章から紹介していくソーシャルメディアマーケティングは、これまで主流だったダイレクトレスポンスマーケティングを凌駕する現代のマーケティングです。とはいえ、実行すれば誰もが成功できるわけではありません。なぜなら、**企業価値が試される**からです。情報があふれかえった現代だからこそ、消費者はいとも簡単に嘘を見抜き、ありふれたものには目もくれません。本当に良いものが良いと言われる時代になったからこそ、企業も気を引き締めて取り組まなければならないのです。

このように、インターネットやスマートフォンが普及して、やり方次第でいくらでも企業の評価を集められる時代になりました。もしあなたが、自社のビジネス――商品であれサービスであれ――に「○○ならどこにも負けない」と自信をお持ちなら、ぜひ次章以降に解説するマーケティング手法を試してみてください。

第2章のまとめ

①もう紙媒体では集客が難しい。ソーシャルメディア主軸のマーケティングへ。
②1日3時間。圧倒的にどのメディアよりもスマートフォンは見られている。
③Webは営業マンそのもの。Web上で営業できる情報をしっかり発信。
④営業マンの人件費よりもWebマーケティングに予算を割くべし。
⑤消費者に嘘がつけない時代。企業の本質的な価値で勝負する。

第3章

ソーシャルメディアの使い方

1 SNSの巨人Facebook

世界で23億7500万人、国内2600万人の利用者が存在するフェイスブック(Facebook)。その最大の特徴は、実名制であることです。ビジネスシーンでの活用も盛んで、世界の中小企業のアクティブなページは、6500万にのぼると言われます(2019年現在)。

実名で発信する情報は信ぴょう性が高いため、広告は詳細なプロフィールをもとに年齢・性別・居住地・趣味などセグメント出稿できるという、企業にとって最も実用性に長けたプラットフォームです。

個人情報保護の観点から顧客名簿の取得が一段と困難になっている昨今、Webマーケティングを仕掛けるにあたってFacebookの存在は無視できません。プライバシーの側面で懸念されがちなメールアドレスや住所などの直接的情報に代わって、間接的ながらも個人情報を把握し、適切にアプローチできる唯一の手段だからです。

私たち新大陸は住宅業界にクライアントが多いのですが、見学会などのイベントを開いてチラシを配布し、来場者の中からたった1件の個人情報を得るのに、平均して

10万円以上のコストがかかっています。それがFacebookの広告を使えば、**「1いいね」**、つまり興味を持ってもらえる見込み客が1人あたり数百円で集められるのですから、これを使わない手はありません。

「いいね」獲得は、見込み客の名簿づくり

消費者にとって「いいね」や「フォロー」といったアクションは、個人情報を開示するよりも心理的負担がはるかに軽いものです。また、ソーシャル・ネットワーキング・サービス（SNS）上での関係であれば、企業から営業されるわけでもなく、適度な距離を保ちながら無料でほしい情報も得られます。自分の氏名や住所といった個人情報を提供するよりも、企業のFacebookをフォローして情報を集める方が消費者にとって都合が良いのです。

企業の側からすれば、Facebookの活用は広告費の大きなコストダウンにつながります。これまでは新規客を得るために数万部のチラシを打ち、リマインド目的のダイレクトメール（DM）制作にも多大なるコストがかかっていました。しかし、Facebookページを活用すれば、これらのアクションに対するコストはほとんど発生しません。

SNSへの投稿は、いわばリマインドのDMです。定期的かつ何度も無料で配信で

き、そのうえ、印刷や配布に時間のかかる紙媒体よりもタイムリーで詳細な情報を発信できるのですから、購買意欲の醸成にも役立ち、一石二鳥です。

Facebookは消費の中心となる20代～60代という年齢層を軒並み囲い込み、まぎれもなく企業のマーケティング活動のインフラとも言える存在となりました。不特定多数の家にチラシを撒くよりも、街頭で呼び込みをするよりもやるべきこと――それはFacebookの活用にほかなりません。

Facebookの具体的なビジネス活用法

Facebookを活用したマーケティングというと、何もしなくても魔法のように人が集まり、商品が売れていくという大手企業の運用イメージを持っている方もおられるでしょう。しかし、実際にビジネスの成果につなげるまでのオペレーションには、かなりの手間と時間がかかります。ただアカウントを作っただけでは意味がありません。次にFacebookをビジネスに活用するための具体的な方法論を紹介しましょう。

Facebook運用を軌道に乗せるためにまずやるべきことは、社員・関連業者・既存顧客など、すでに自社を理解している人を巻き込んで運用することです。新規のお客様ではなく、まず社員や顧客という一番身近なファンからコミュニティに参加してもらうことです。ある程度軌道に乗ってくれば継続的な反応が出てきますが、運用を始めたばかりの頃は、こうした地道な取り組みが求められます。

社員・取引先・顧客とつながる意味

なぜ、自社を理解している人たちを巻き込んだ運用が功を奏するのでしょうか。その理由を説明しましょう。

①社員とつながる意味

社員とつながることには、二つの側面があります。一つ目は、社員に対してFacebook運用の主体者であるという意識づけです。二つ目は、情報の発信にあたって自社に対する理解や商品に関する知識を深めるという社員教育の役割です。あくまで社員個人のアカウントに関わることなので強要はできませんが、もし社員が「自社の商品は素晴らしい」という意識を持っているのなら、情報拡散に協力してくれるはずです。

②取引先・関連企業とつながる意味

次に取引先など、関連企業からのフォローです。関連企業とSNSでつながることができれば、自社への理解がより深まるため、より良い関係の構築に役立ちます。例えば関連企業が仕入れ先なら、Facebook の取り組みに協力することで、その会社の利益向上にもつながります。

③顧客とつながる意味

最後に、忘れてはならないのは既存顧客の存在です。すでに商品を購入した既存顧客からの拡散ほど、集客に有効な手段はありません。それが本来のマーケティングというものです。購入した人が「いいね」やシェアして情報が広がれば、自社発信よりリアルな分、信頼度が高く、見込み客を開拓できます。

また、既存顧客とSNSでつながることは顧客フォローの役割も兼ねることになります。定期的に有用なコンテンツを提供していくことでクレームは減り、新規客の紹介につながる下地となります。一度購入した既存顧客と定期的な接点を持ち続けることは、ビジネスの発展に欠かせない重要な取り組みなのです。

地道に「いいね」を獲得し続ける

多くの企業は、こうしたステークホルダー（社員・取引先・関連企業・既存顧客）の存在を考えずに、新規客の獲得ばかりを追いかけて、結果が出せずに運用を終えてしまいます。しかし、ステークホルダーへの取り組みをしっかり行うことができれば、**新規客の獲得はそれほど難しくないはずです。**

新規客へのアプローチ

新規客に対してはホームページ（ＨＰ）やチラシ、名刺やメール署名で、あなたの会社のＳＮＳアカウントの存在を知ってもらい、対面で話をする機会があればしっかりと案内をして**Facebookアカウントをフォローしてもらう**ようにします。泥臭い作業のようですが、知名度の低い中小企業がソーシャルメディアに口コミ拡散のルートを作れるか否かは、このような取り組みをどれだけ地道に徹底できるかにかかっているのです。

ただし、スマホをタップしてフォローするだけのほんのひと手間といえども、声をかけただけで容易に人は集まるものではないことを心してください。運用の初期段階でステークホルダーもしくは新規客からフォローをもらうために大切なのは、**目的を伝えること**です。Facebookの運用は遊びではなく、営業活動です。なぜフォローが必要なのか、フォローをすればどんなことが起こるのかをしっかりと伝え、あなたの会社について理解してもらいましょう。「いいね」獲得は、営業活動そのものなのです。

日記とコンテンツの違い

アカウントを作り、社員・顧客の協力を得てフォロワーを集めたら、次はいよいよコンテンツの投稿です。ここでは反響が大きく、より多くの人に見てもらえるようなコンテンツの心得を説明しましょう。

まずは「日記」と「コンテンツ」の違いについて理解してください。担当者が食べた食事や、旅行の風景写真などは「日記」であり、発信者の主観に依存する内容がほとんどです。ただの雑談に過ぎず、マーケティング活動ではありません。つまり、日記ではお客様の購買意欲は上がらないということ。

一方の「コンテンツ」とは、発信者による一方的な情報ではなく、読者が知りたいと思う情報を提供する、読み手主体の内容を指します。お客様が知りたい情報で有用性があり、オリジナルティのある内容です。

売れる営業マンのセールストークは、顧客の知りたいことや不安に思っていること、悩んでいることに対する解決策であり、購買意欲を高めるために設計されています。

コンテンツもそれと同じで、顧客のニーズからの逆算で、読み手にとって解決策となる有益な情報でなくてはなりません。コンテンツ作りはその日に考えて投稿できるような簡単なものではありません。私たち新大陸でも、一つのコンテンツに2か月以上の時間をかけて制作しています。

インターネットにない情報ほど価値がある

多くの企業では、手が空いたスタッフがその場の思いつきでSNSに投稿するようですが、認知を広げ購買意欲を高めるためのコンテンツとなると、一朝一夕にはいきません。まず企画を立てることから始まり、必要に応じて取材を行い、文章化します。

さらに、SNSは隙間時間に閲覧されることが多いため、ひと目で「これは面白い」「この情報は役に立つ」と思ってもらえるような工夫が必要です。そのためにはコピーライティングの技術も求められます。また、視覚情報も重要ですから、写真撮影のスキルも必要になります。

人を引きつけるコンテンツの大前提は、インターネットで調べれば出てくる手軽な情報とは一線を画した、有用性の高い情報であることです。営業マンやモノ作りをしている開発者に取材しながらコンテンツを作るというスタイルでもいいでしょう。場

図3-1 投稿記事は他にない情報をわかりやすく書く

出典：「新大陸」のFacebook（facebook.com/shintairiku/）

当たり的な取材では当たり障りのない記事になるため、オリジナルなコンテンツにするには一歩踏み込んだ取材をしていかなくてはなりません。

自社商品を知り尽くした担当者に取材する場合、専門性が高すぎて読み手に伝わらないというケースがあります。読者の中には知識ゼロで読む方もいるので、専門的すぎると理解できず、ページから離れていってしまうこともあります。**内容は深く鋭く、語り口はやさしく、お客様視点でわかり**やすく伝えましょう（図3―1）。

初めてコンテンツを目にする読者は、技術や素材そのものではなく、その商品がいかに「私の生活」を豊かにしてくれるのかということに興味があるのです。特に社内の人材のみでコンテンツを作る際は、近視眼的になりがちです。この点を見失わないように注意しましょう。

Facebook 活用のポイント

① 1いいね=見込み客1人。チラシの100分の1の予算で獲得。
② 定期的な投稿が、リマインドDMに代わる。しかも0円で。
③ まずは社員という身近なファンに参加してもらおう。
④ 集客だけでなく、顧客との関係維持や社員教育にも有効。
⑤ Facebookの運用は全社員が行う営業活動そのもの。
⑥ ブログ=日記ではお客様の購買意欲は上がらない。
⑦ 一歩踏み込んだ取材をもとに、お客様視点でわかりやすく。

2 急激な成長を続けるInstagram

インスタグラム（Instagram）は、世界のアクティブユーザー10億人、デイリーアクティブユーザー2億人突破と言われ、勢いのあるSNSです。日本国内の月間アクティブユーザー数約3300万人（図3―2）、月間アクティブ率84・7％と著しい成長をみせるInstagramは、10代〜30代の女性から圧倒的な支持を集めて上昇気流に乗りました。今やユーザー層は20〜40代がボリュームゾーン。男女比も、やや女性が多いものの同等程度に近づいています。

図3-2　Instagram日本の月間アクティブユーザー

出典：Instagram-day-tokyo-2019
(https://business.instagram.com/a/instagram-day-tokyo-2019)

Instagramをひとことで言うなら、写真や動画などビジュアル重視。2017年のユーキャン新語・流行語大賞を受賞した「インスタ映え」は、見栄えのする写真を投稿すること。ネタを探して投稿を楽しむユーザーが急増し、社会現象とまで言われました。「ストーリーズ」や「ショッピング」などの機能を次々にアップデートしており、注目すべきSNSと言えるでしょう。

コミュニケーションの敷居が低い

Instagramの良いところは、写真や動画でのコミュニケーションなので発信者と閲覧者の双方にとって、手軽で使いやすいという点です。写真は加工フィルターがついているので、一眼レフのような高価な機材を使わなくても、スマートフォンのカメラで撮影した写真で十分に世界観を伝えることができます。

企業がInstagramを使うメリット

Instagramは、他のＳＮＳに比べて企業アカウントをフォローするユーザーが多いのも特徴です。「写真」という簡素化されたコンテンツによって、ユーザーの心理障壁が低くなっているからです。ユーザーは企業アカウント（図３―３）の投稿を営業だと思わずに見てくれるので、良いコンテンツが正当に評価されやすい仕組みになっているとも言えます。

２０１８年度の公式発表では、以下の

図3-3　写真主体の投稿記事で企業イメージを創る

出典：「新大陸」の Instagram（https://www.instagram.com/shintairiku.co.ltd/）

ような利用状況が報告されています。日本での勢いを実感できるでしょう。

・5人に1人が朝起きてすぐInstagramを開く
・4人に1人が毎日Instagramの検索機能を使う
・日本ユーザーがハッシュタグ（#）検索をする回数は、世界平均の約3倍
・80%のユーザーがビジネスアカウントをフォロー
・投稿を見たユーザーの40%以上が、ブランドサイトやECなどで商品を確認したり、購入したりする

（出典：インスタグラムビジネス公式ページより https://business.instagram.com/blog/instagrammers-in-japan）

国内でアカウントを持つ企業はすでに1万社を超え、さらにビジネスに直結する動きがInstagramでも広がっています。

ストーリーズ機能のうま味

近年盛んに活用されているのがストーリーズという投稿機能。一定時間（24時間）経過すると投稿が消えてしまうため、ライブ配信や限定オファーなどに活用する企業

も出てきました。通常投稿よりも見やすいトップ画面に配置されるので反響が取りやすいのが特長です。

また、ストーリーズの投稿はハイライトとしてプロフィール画面に残すこともでき、ハイライトを含めたプロフィール画面の作り込み次第で多くのフォロワーが獲得できます。Instagramのプロフィールは、いわばホームページのようなものです。充実させていけば、流入の受け皿となり得ます。

Instagramは情報検索にも利用される

Instagramの検索窓で知りたい情報を検索するユーザーが増えています。気に入ったアカウントやハッシュタグ（#印の後にキーワードを追加してタグとして使える）があれば（図3—4、図3—5）、気軽にフォローして自分のタイムラインを好きな写真で埋めるという使い方をするユーザーもいます。

ハッシュタグで検索したら、すかさずフォロー。たったそれだけのことで、ほしい情報が集まっていく。これが「情報の吸い寄せ」という動きです。企業の立場で見れば、写真が営業マンとなってネットの世界をひとりでに歩き回ってくれるのです。お金も労力もかけることなく、予想外のスピード感をもって広まっていく。この威力には本当に驚かされます。

図3-4　ハッシュタグ投稿

fukuryoukensetsu
さん他が「いいね！」しました
fukuryoukensetsu 今回は東京インターナショナルギフトショーの見学といつもお邪魔しているショップを巡りそして、湘南エリアをレンタカーで視察してきました。
今から福岡に帰ります。
#サザンビーチ#東京#湘南#茅ヶ崎#福岡#カリフォルニアハウス#カリフォルニアスタイル#フクリョウケンセツ#サーファーズハウス#福遼建設

出典：fukuryoukensetsu Instagram（https://instagram.com/fukuryoukensetsu）

図3-5　ハッシュタグといいね

Instagram
検索
ログイン
登録
fukuryoukensetsu・フォローする
SURF PEOPLE
いいね！1,163件
ログインすると「いいね！」やコメントができます。

出典：fukuryoukensetsu Instagram（https://instagram.com/fukuryoukensetsu）

新規客向けのアプローチ

Instagram は Facebook 同様、新規客向けのアプローチにも優れています。会社案内やチラシに Instagram への誘導二次元コードを貼って、アカウントをアピールすると良いでしょう。Instagram 広告は、Facebook と同様にエリアや年齢を細かくセグメントできるので、確度の高いフォロワーを集めることができます。

また、オフラインでイベントを開催したときなどは、ハッシュタグをつけて投稿してもらうことで、オフラインからオンラインへ行動を移したフォトコンテストのようなO to O施策として活用するという手もあります。

このように、Instagram は Facebook とはまた違ったアプローチで見込み客を開拓できるため、次項でも触れますが、ローカルビジネスにはぜひとも取り入れておきたいところです。

フォロワーの集め方、インプレッションの増やし方

Instagram のフォロワーを集めてインプレッションを高めていく方法について説明します。ポイントは二つ。ハッシュタグと人気投稿です。

① ハッシュタグ

投稿に場所や地名「○○市」や自社と関連のあるハッシュタグをつけて投稿しているユーザーに「いいね」を押して、自社の存在を認知してもらうという方法があります。特にローカルビジネスであれば、地域のユーザーとのコミュニケーションはとて

も大切なこと。人が集まる飲食店や美容室、ショップなどのアカウントに積極的にアプローチして、自社をアピールしていきましょう。

自社の投稿を人気投稿にランク入りさせるためには、いくつかの条件があります。まずはハッシュタグのつけ方について考えてみましょう。投稿数の多いハッシュタグがいいのか、少ない方がいいのか？　投稿数が多ければ競合が増え、少なければ閲覧数が確保できません。そこで最初のうちは、ビッグワード（検索ボリューム10万以上）にミドルワード（10万〜1万）スモールワード（1万〜1千）をまんべんなく加えて運用していくといいでしょう。投稿数の多寡にかかわらず、検索に引っかかる一つの方策です。なお、一つの投稿につけられるハッシュタグは30個以内です。これも覚えておきましょう。

②人気投稿

人気投稿は、SNS内で人気の投稿が自動で表示される機能です。特定のキーワードで検索すると、人気の高い順番に結果が表示されます。例えばソファが欲しいユーザーなら、検索窓に「ソファ」と入力します。そうすると、図3―6のように検索の上位から順に表示されます。

ユーザーとのコミュニケーションが密に取れているかどうかが、人気を左右するポイントです。さらに人気投稿への上位表示を目指すには、以下のような条件も覚えておきましょう。

① エンゲージメント（投稿にどれだけ「いいね」やコメントが集まっているか）
② 関係性（フォロワーとコミュニケーションの頻度が高いか）
③ 即時性（新しい情報か。3日前の投稿よりも1時間以内の投稿が優先表示）
④ ダイレクトメッセージ（DM）のやりとりはあるか
⑤ 時間（投稿を見ている時間が他の投稿に比べ長いか）

図3-6
「ソファ」の検索によって表示された人気投稿

ハッシュタグと人気投稿——この二つをしっかり意識して運用し、PDCAを回しながら継続的に改善しつつ、現場でコツをつかんでいきましょう。なんといっても、**ユーザーとの距離が近く、ハッシュタグの工夫次第でリーチを伸ばせる**可能性が高いメディアで

す。これを使わない手はありません。

Instagram 活用のポイント

① 企業の投稿も見られ、売上につながっていると意識して。
② 「情報の吸い寄せ」という、新しい行動に対応。
③ 新規客へのアプローチに有効。ローカルビジネスに欠かせない！
④ ハッシュタグを積極活用して人気投稿の枠を確保しよう。

3 人気を盛り返しつつあるTwitter

１４０字という限られた文字数でコミュニケーションするツイッター（Twitter）。Facebook や Instagram よりも早い時期に日本に上陸したＳＮＳです。当初は若年層を中心に利用されていましたが、最近は世代を問わず幅広く利用されるようになり、ユーザー数は国内で4500万人を超えています。

Twitterの特徴とメリット

Twitterの良いところは、テキスト量が140文字に限られているため、気軽に投稿しやすいという点です。例えば、イベント中の様子や商品の入荷状況、店舗の混雑状況、ホームページの更新情報など**リアルタイムの情報発信**に向いています。

Twitterではメッセージを書き込み、投稿することを「ツイート」すると言い、フォローしている人や自分のツイートが時系列に「タイムライン」で表示されます。

匿名制なので、アクションを起こしやすいというのもメリットの一つです。特に、面白い発言や興味深い内容を再度ツイートする「リツイート」は、FacebookやInstagramにはない機能で、**拡散性が高い**という特徴があります。またリアルタイムの情報を短い文字量で発信されることから、無駄のない情報発信ができます。

また、**「口コミ」や世の中で旬の話題**などを検索するためにTwitterを使う機会も増えています。情報感度の高い世代へのアプローチや、エンターテインメント性を含んだ情報発信を得意とする企業は、Twitterを効果的に運用していきましょう。

効果的なコンテンツと投稿頻度

Twitterは、テキストで140文字、画像で4枚、動画なら2分20秒とコンテンツの投稿に制限があります。硬い文体よりもフランクな文章が好まれる傾向にあるので、Facebookや Instagramとは言い回しや情報のアングルを変えて、親しみやすいコンテンツに仕上げていく必要があります。

また Twitterは情報の流通量が多いため、コンテンツを投稿する頻度も大切です。Facebookであれば週に2~3回でも構いませんが、Twitterは1日に1投稿くらいのハイペースでツイートし、ユーザーに印象づけていくと効果的です。なんといっても Twitterは持続性が肝なのです。

さらにツイートをより多くのユーザーに見てもらうためには、ハッシュタグ(#)を有効に活用しましょう。短時間で急上昇した使用頻度の高い、旬のキーワードとして「トレンド入り」しているハッシュタグを使い、自社情報に関連づけてツイートすれば、通常のツイートよりも多くのユーザーに情報を届けることができます。

フォロワーやインプレッションを伸ばす方法

Twitterは情報のるつぼなので、そこで生き残る情報で勝負すべきです。生き残る情報とはどんなものでしょう？　フォロワーが増え、何度もリツイートされてインプレッションを伸ばすためには、専門性の高い情報を提供することです。

具体的には、あなたの会社が得意とする分野で、ユーザーに「信頼できる情報筋」という信頼感と、継続的に「有益なことが投稿される」という印象を与えれば、フォロワーが集まりインプレッションも伸びやすくなります。

ただし、Twitterのフォロワーは流動性が高いので、一度フォローしてくれてもフォローが解除されてしまうこともあります。しかし、それも情報の流通量を考えれば、Twitterの特徴の一面でもあるので、いちいちフォロワーやインプレッションの数字に左右されず、一貫して専門的で役に立つ情報発信をしていきましょう。あくまでもフォロワーに媚びることなく、情報の専門性と有益性を優先にブレないスタンスで。

また情報拡散だけを考えるのであれば、ハッシュタグを使ったキャンペーンなども有効です。アカウントをフォローし指定のハッシュタグを含めてツイートしてくれたユーザーに、インセンティブを与えるといった内容です。

精緻なターゲティングができるTwitter広告

「Twitterを運用するメリットの一つはTwitter広告が利用できることです。最大の長所は「〇〇のアカウントをフォローしているユーザーに広告を表示する」など、精緻なターゲティングが可能なことです。

具体的には、関連業種のアカウントをフォローしているユーザーをターゲティングすることで、可能性の高い見込み客にアピールすることができます。ユーザーの行動（エンゲージメント）をもとに課金される成果報酬型なので、ユーザーが広告に対して「返信」や「リツイート」をしなければ、料金は発生しません。さらに二次拡散と呼ばれる二度目のリツイート以降は課金されないので、拡散されれば拡散されるほど費用対効果の高い広告とも言えます。

また、2018年に提供された「オートプロモート機能」を使えば、「Twitter側が最適化した広告を自動的に配信しつづけるため、ターゲット選定や予算配分の手間を省くことができます。

アカウントが成長してくれば、同じ費用でもインプレッションが大きくなるなどスケールメリットを活かすことができます。商品・サービスのプロモーション用に

Twitter広告を活用するためにもアカウントは大切に育てていきたいところです。

Twitter活用のポイント

①リアルタイムな情報ほど、拡散が期待できる。
②文面は親しみやすく、ハッシュタグでコンテンツを拡散。
③一貫して専門性の高い情報発信を続けることが大切。
④Twitter広告はターゲティング精度が高く反響を得やすい。

4 インフラ的ツールLINE

チャット（トーク）がメイン機能であり、無料通話ができるため、メールに代わるコミュニケーションツールとして急速に広まったLINE（ライン）。

世界のアクティブユーザー2億1700万人超、国内の月間アクティブユーザーは8300万人を突破（「Line Business Guide」2020年より）、これは日本の総人口の65・9％にあたります。そのうち毎日の利用者が86％と数字だけ並べてみても、すでに生活に不可欠なインフラ的ツールとなりました。利用者は全年代を網羅し、やや女性が多いものの男女比もほぼ同等です。

公式アカウントの活用法

LINEは基本的に「友だち」登録をし合った相手と情報受発信を行うクローズドのコミュニケーションの場です。電話を想像してもらえばわかりやすいでしょうか。一方でビジネスの場でも利用が拡大し、企業や店舗が「LINE公式アカウント」を持ち、ユーザーと「友だち」になれば、個人のタイムラインへダイレクトにメッセージを送ることができます。もちろん、公式アカウントは無料で手軽に設置できます。

公式アカウント登録企業は多岐にわたり、登録数はすでに37万超え。公式アカウントの平均「友だち」数（購読者数）は670万人（「linebiz.com」より）と、広いリーチが望めます。

ただし、Instagram や Twitter ほどの拡散力はないため、飲食業などの来店者フォローといったメルマガ的な活用が適しているかもしれません。ＬＩＮＥを開いたときにクーポンやイベントなどの限定情報が目に飛び込んでくるのですから、メルマガよりも高い開封率が期待できます。

公式アカウントを活用するためには、まずはオフラインも含めて接点づくりに努め、ＬＩＮＥ特有のフレンドリーな接触でユーザーの暮らしにすべりこめれば出だしは順調と言えるでしょう。ただし、ユーザーにとってトーク画面はプライベートな空間という意識があることを忘れずに。あまりに宣伝色が強い、頻度が高すぎるなど、売り込みが強いとマイナスに働くこともあるため注意が必要です。

決済アプリの覇者 LINE Pay

キャッシュレス化の波に乗ってリリースされた LINE Pay（ラインペイ）は、口座開設の手間なしに送金・決済できるアプリです。電子決済サービスの中でもっともユーザー登録者数が多く、その数は３０００万人超（「linecorp.com」news ２０１９より）。ＬＩＮＥユーザーがそのまま決算サービスを使うケースがほとんどなので、当然この登録者数にも納得がいきます。

使い方も簡単で、銀行口座からのオートチャージやコンビニで事前チャージし、決済します。LINE Payに対応する加盟店舗は100万店舗を突破し、増加の一途です。競合する決済アプリの存在もあって、サービスの進化も加速することでしょう。

運用型広告プラットフォームLINE ads Platform

LINEが提供する運用型広告のプラットフォームに、LINE ads Platformがあります。広告は、タイムライン、1日3回配信されるLINE NEWS、LINE BLOG、LINEマンガ、LINE pointなど各種サービス面までワンストップで配信できます。トークの最上部という一等地に広告を配信するSmartChannelにはさらに注目です。商品やターゲットによって最適の広告を選んで配信できることと、なんといってもLINEのリーチ力に期待できるため、高い広告効果が期待できるメディアです。

LINE活用のポイント

① フレンドリーにユーザーの暮らしにすべり込もう!
② 公式アカウントを設置しても、売り込みは控えめに。

③圧倒的なリーチ力を持つ広告は、商材によっては効果大。

5 世界の映像メディアYouTube

世界最大の動画プラットフォーム、ユーチューブ（YouTube）。月間アクティブユーザーは全世界で20億人、国内でも幅広い年代に利用されユーザー数は6200万人以上（Youtube 公式ページより）。とくに若年層からは熱く支持され、テレビを超えて映像メディアの主流になるのではという声もあるほどです。動画のアップロードは毎分400時間超と、ユーザーが活発であることも特徴です。

投稿動画に対する広告収入で生計を立てる「ユーチューバー（YouTuber）」と呼ばれる動画クリエイターも誕生し、2018年の「小学生のなりたい職業」の第3位にランクインして話題となりました。ゲームや音楽、エンターテインメント系のコンテンツは世界的に人気ですが、日本では商品レビューの動画が人気コンテンツで、ユーチューバーも商品レビュー動画で活躍しています。

動画の情報量は静止画の５０００倍とも言われ、投稿の波及力は桁違いです。そのため動画広告を採用する企業も増えており、ここ3年で広告費も50億円から５０１億円と急速に伸長しています。企業や製品の認知度アップなどメインはブランディング活用で、クオリティによっては世界的な反響もとれるメディアです。

YouTubeでのマーケティングは、コンテンツ作りが命。数分という短い時間で視聴者の心をわしづかみにできるシナリオを練り上げましょう。コンバージョンを意識したシナリオであることも重要です。腕利きカメラマンや映像制作者をアサインして、ハイクオリティな映像コンテンツに仕上げたいものです。

またパソコンだけでなくスマートフォンなどモバイル端末の視聴に適した仕様にしておきましょう。ＳＮＳで拡散しやすくなるようボタン設定も考慮します。YouTube広告はハッシュタグの挿入や精緻なターゲティングも可能です。動画クリックで直接Ｗｅｂサイトへ送客できます。配信後は必ず効果測定し、マーケティング効果を検証しましょう。

YouTube活用のポイント

動画の時代。広告はコンテンツの質で決まる。

第4章

トリプルメディア
マーケティング

第3章ではおもなソーシャル・ネットワーキング・サービス（ＳＮＳ）について紹介しましたが、いわばこれらは、Ｗｅｂマーケティングで施策に使うツールです。ＳＮＳを取り入れながらマーケティングの効果を最大化するためには、Ｗｅｂマーケティングの全体像を理解する必要があります。もっとも重要なのは、「トリプルメディア」の連携です。本章ではトリプルメディアの活用について解説していきます。

トリプルメディアとは、以下の三つを指します。

①ホームページ＝オウンドメディア（自社管理媒体）
②ＳＮＳやブログ＝アーンドメディア（評価を受ける媒体）
③インターネット広告＝ペイドメディア（有料の広告を出稿する媒体）

ホームページだけでは集客できず、ＳＮＳだけやっていてもアクションは得られない。そして広告だけでは購買意欲は引き上げられません。なので、トリプルメディア

図4-1 トリプルメディアを複合運用することが重要

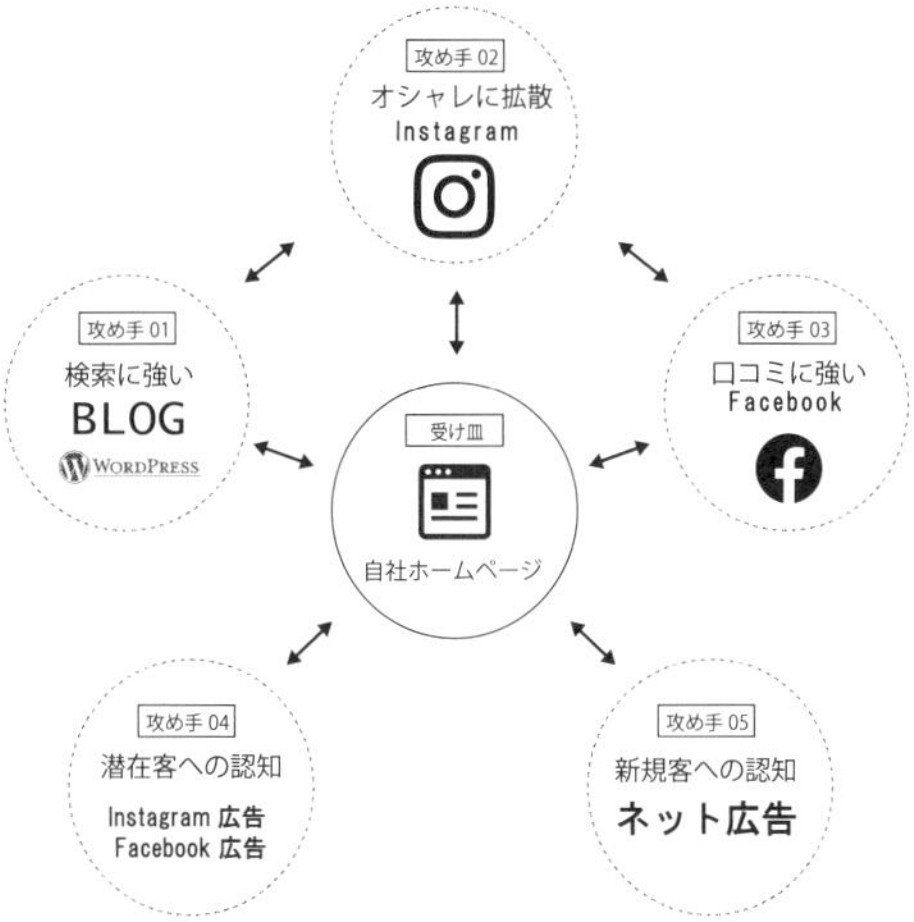

を連携させることが必要なのです。自社の業種や商品にふさわしいやり方で三つのメディアを複合運用し、見込み客の発掘から顧客化まで効率よく導くのです。

SNSで有用性の高いコンテンツを掲載しながら、広告と合わせて顧客接点を増やし、ホームページで正確な情報を提供して、来店・購入へとつなげていく、というイメージです(図4—1)。

1 オウンドメディア──ホームページ

ホームページは今でも消費者が必ず閲覧するメディアです。そのため情報不足であってはならないし、更新頻度やユーザビリティを見直し続ける作業は、Ｗｅｂマーケティングの生命線といっても過言ではありません。重要なのは検索エンジン対策（SEO対策）です。平たくいえば、検索で上位表示されるためのサイト設計やコンテンツ制作を行うことです。

ホームページ上の企業ブログも、もちろん検索エンジン対策に含まれます。ブログを書けば自社のWebページが1ページ増えるのです。たかがブログ記事と思わず、読者に有益なコンテンツを作って、検索エンジン経由で圧倒的なアクセスを集められる武器にしましょう。

2 ブログがもたらす大きな恩恵

企業ブログはソーシャルメディアが普及する前からありましたが、**コンテンツマーケティングが主流**となった今、その重要性はさらに高まっています。外部のブログサービスを使う企業もありますが、これからは自社のホームページ内にブログを設けることが必須です。検索エンジンで上位表示を目指して、サイト全体の認知を上げるという、SEO対策の面でも有効なのです。

検索エンジンの評価基準

ブログコンテンツは、内容的にも構造的にも検索エンジンに評価されるためのテクニックが必要です。まずは、「有用性の高いサイトの記事が上位表示される」というグーグル（Google）の評価基準に従って作成します。**ブログなくしてWebマーケティングは完結しない**といっても過言ではありません。

Webでのマーケティングは、見込み客の発掘から問い合わせを経て成約に至るまでに、思っている以上に多くの情報を提供しなくてはなりません。相手は会ったこともない、購入意欲の強さもわからない不特定のユーザーなので、難しさを極めます。第2章でも触れましたが、住宅業界では成約に至るまでユーザーは50回〜100回はホームページを訪れるのです。ブログのように**読者がじっくり読んで比較検討できる**

スローなメディアであれば、購買意欲の醸成は十分に見込めます。
記事のクオリティは図4―2に示すように、Googleアナリティクスを使えば一目瞭然。セッション数（ページ訪問数）のほかに直帰率や離脱率を追うことでサイト内の動線を改善でき、滞在時間を追えばどんな記事が受け入れられたのか、ある程度判断がつきます。

3 ブログ＝コンテンツマーケティング

Googleは大規模アップデートのたびに、単にテクニックだけで上位表示されているサイトに厳しい評価を与えます。コンテンツ一つひとつの有用性や、ユーザー満足度を重要視しているからです。作為的ではなく本質的なコンテンツが評価される時代になり、ブログはまさにコンテンツマーケティングの核を担っています。

ブログ記事は回を重ねると、ホームページ上の資産になります。過去の投稿もすべて残っていくので、さまざまなキーワードで検索するユーザーの受け皿となり、サイト全体のアクセスボリュームアップにつながります。結果が出るまでに多少時間がかかっても、マーケティング施策には必ず取り入れておきましょう。

4 ブログの成果はキーワードで決まる

図4-2 Google Analyticsによる効果測定で投稿記事のクオリティを判断する

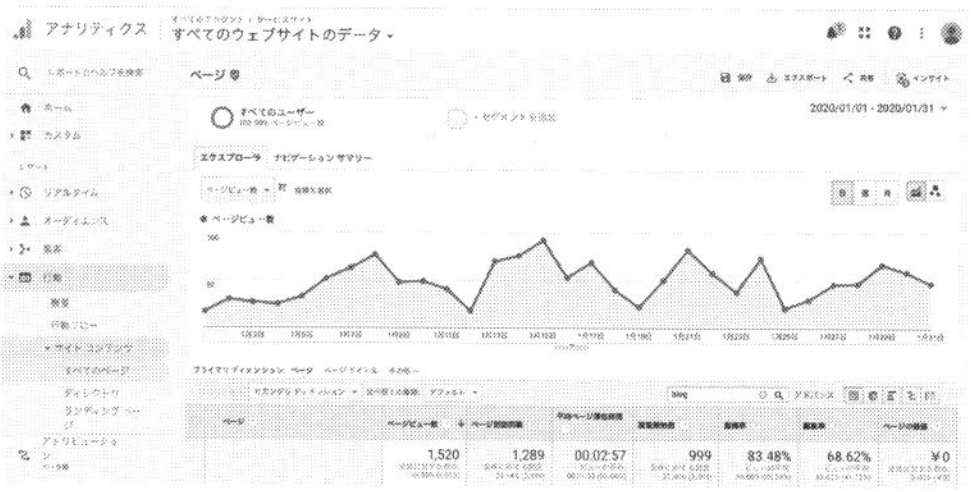

ブログ運用では、キーワード選定が重要です。どのようなキーワードが検索されるのかを先読みして、キーワードを盛り込んだ記事を作成します。これは前述したSEO対策における基本中の基本です。

地域ビジネスを考えれば、地域名＋業態の上位表示は確実に押さえるべきキーワードです。例えば、「浜松 注文住宅」といったワードです。さらに「地域名＋業態」に関する記事だけでなく、そこに「三世代」「中庭」など中小のコアなキーワードを加えた記事も積み重ね、ロングテールを狙いたいもの（図4―3）。こうして競合他社よりも露出を増やしていきます。

消費者の比較検討方法やプロセスは、はるかに複雑になりました。一度ブログを見ただけでアクションをしてくる消費者は、ほとんどいません。ある程度の期間をかけて複数回ブログを見たうえでようやく問い合わせをしてくれる、そのくらいの認識でいた方がいいでしょう。

図4-3 ロングテールキーワードは、検索数は少ないがコンバージョン数に至る確率は高いために費用対効果が高い

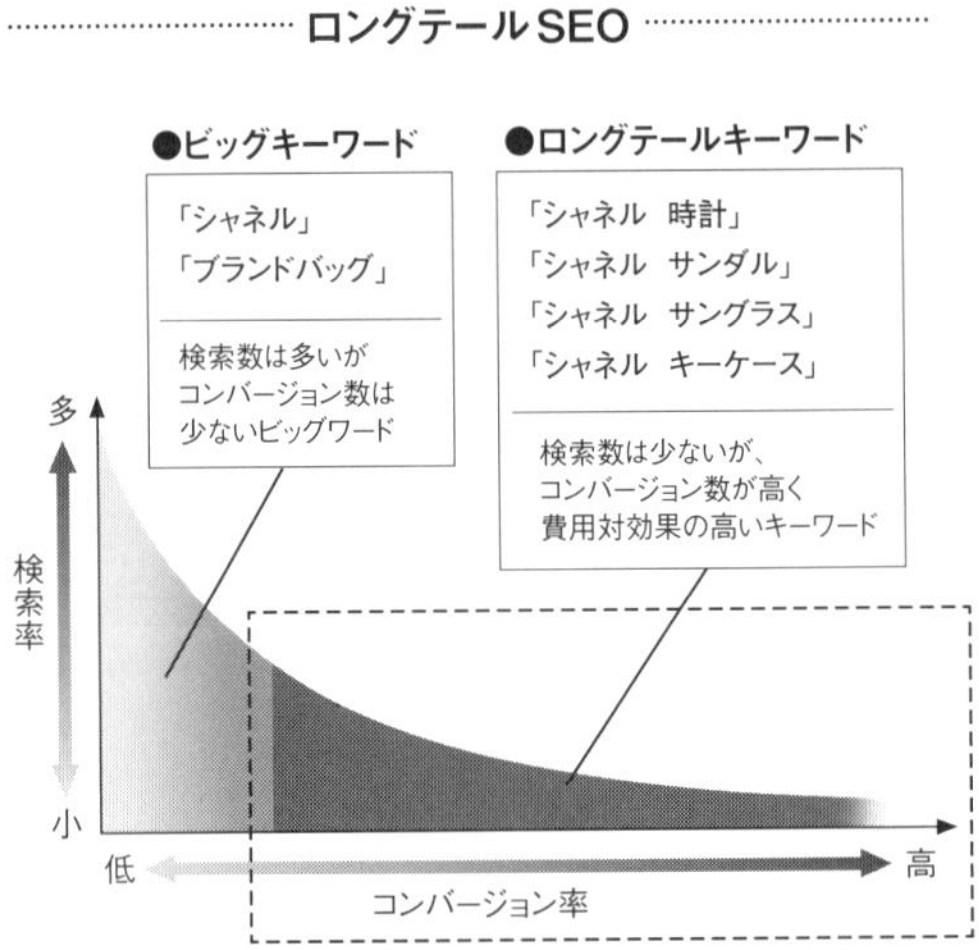

5 ブログの成果を見分ける方法

ブログの成果は、流入数と問い合わせ数が指標です。ホームページに一定数のアク

セスが来るようになったら、定量的な問い合わせの数を測定できるようになります。例えば「10件問い合わせをもらうためには、どれくらいのアクセスがなくてはならないのか」と逆算しながら、コンテンツの価値を高めていく視点が必要なのです。良い記事ならすぐに問い合わせにつながるはず、と短絡的な視点で捉えるのは禁物です。消費者の比較検討は、私たちが思っている以上に複雑かつ気まぐれだからです。

そのため、特に以下の2点はコンテンツマーケティングの本質だと考えます。

- 明確化したターゲットに対して、情報への欲求を十分に満たす。
- 問い合わせに至るまで、価値ある情報を提供し続ける。

これはブログを活用する意義と言ってよいと思います。「これが読みたかった」「この情報を知ってよかった」、そう感じてもらえる記事作りができれば、ブログでのマーケティングは成功と言えるでしょう。

6 アーンドメディア——SNSという攻め手

次にトリプルメディアの二つ目、「SNS（ソーシャル・ネットワーキング・サービス）」について説明します。

最近は、情報検索にInstagramやTwitterを使う人が増加している傾向もあり、SNSは情報共有に加えて情報収集の役割も担っています。またホームページにはない拡散性という特徴を備えているメディアなので、もはや無視できない存在です。

接触回数を重ねるたびに好感度が上がる——これを心理学ではザイアンス効果と呼びますが、SNSのマーケティングでも見込み客とのリレーション構築に「ザイアンス効果」が現れます。ただし、すべてのSNSを使いこなす必要はないので、トレンドや成長するメディアを見極め、自社に合うSNSを選定しながら上手に使いこなしていきましょう。

7 ペイドメディア——インターネット広告は少額でも運用可能

トリプルメディアの最後は「インターネット広告」です。インターネット広告の役割は、新規のお客様に認知してもらうことです。インターネットの広告メディアは乱立状態であり、それぞれのメディアの特性を知らないと効果的な活用は望めないため、運用のエキスパートであるネット広告の代理店が存在します。メディアの選び方や運用次第で、確度の高い見込み客を呼び込めるかが大きく左右されるのです。

インターネット広告は「純広告」と「運用型広告」に大別され、地域ビジネスなど中小企業のほとんどが運用型広告を活用します。多くがクリック単価制で課金されるため予算が少なくても使うことができるからです。リスティング広告（図4―4）、アドネットワーク広告、SNS広告……などと、名前は耳にしたことがあるでしょう。地域や配信ターゲットを選択でき、テキスト・画像・動画と広告の種類もさまざま。メディアによってターゲット選定の項目は異なりますが、今後はよりパーソナライズされた広告が増えるでしょう。インターネット広告にも大きな変化が予想されるため、テスト予算を設けて情報収集しながら、その時々に合う広告を見極めていく必要があります。

図4-4　代表的なインターネット広告——リスティング広告

8 カスタマージャーニーマップは企画の源

トリプルメディアマーケティングを考えるときに、消費者の動線を知ることは有益です。消費者の動きを予測して対策を講じる鍵となるのが次に紹介するカスタマージャーニーマップ（図4―5）です。**消費者がどのような経路から自社ページに訪れて購入に至るのか**という道筋を立てる設計図のようなもの。オンライン上の動きだけでなく、看板・チラシ・イベントなどオフラインでの接点も含めて考えていきます。

まず、自社の商品を利用してくれるユーザーの行動や気持ちをイメージし、その背景を読んで仮説を立てます。仮説の精度を高めるために、**認知から購入までの段階を**追って、それぞれの接点にどのような課題があるのか、そこにどのような施策を立てればよいのかを設計していきます。**点ではなく線でカスタマーの動きを想定する**のです。カスタマージャーニーを把握することで、ユーザー目線での施策が立てられます。図式化しておけば**チームの理解も促せて、**共通認識が持てるのでコンテンツ企画にブレがありません。「Webを強化していこう」と決めたら、すぐに着手しましょう。

4

図4-5　消費者の動きを読んで仮説を立てる「カスタマージャーニーマップ」

カスタマージャーニーマップ					新大陸
フェーズ	認知・興味	情報収集	比較/検討	来店/商談	情報共有
メディア	リアル（ロードサイド、看板） HP SNS ネット広告 TVCM	HP SNS	HP SNS 口コミサイト 既に家を建てた友人からのリアルの口コミ情報	店頭	SNS 口コミサイト
顧客の行動	家族構成が変わるタイミングでの家賃の見直しや、友人が家を購入したことをきっかけに住宅購入への関心が高まる TVCM、チラシやSNSで目に留まるようになり、継続的に情報を得ようとする。	地域やこだわるポイントなどでgoogle検索を行い、住宅会社を調べる。 マンションと戸建の違いや家づくりの流れ、資金について家の購入に関する情報を思いつくワードで検索。	施工事例やお客様の声、口コミなどで情報を比較し、何度もWEB媒体を読み込んだ上で候補の住宅会社を絞る モデルハウスの来場予約を行う。	展示場に来場し、実際に目で見て体感。 実際にスタッフの方とお話しをする中で購入へ向けての検討を積み重ねる。 既に来店先の企業の特色は把握している。全ての媒体を何度も閲覧し足を運び、打合せをし、納得、安心、満足の上で購入。	自邸の完成の満足感から自身のSNSを使い共有する。 それを見た近いユーザーが共感し、口コミが広がり問い合わせに繋がる。 見学会やイベント情報の体験拡散

9　SNSとブログの相乗効果

SNSとブログは連携させることで真価を発揮します。顧客の来店動機が「ホームページ（HP）を見て来た」という回答だったとしても、さらに話を聞いてみたら最初の接点がFacebookやInstagramだったということが往々にしてあるからです。それが、トリプルメディアマーケティングが重要といわれる所以《ゆえん》です。

あふれるほどの情報があって、消費者のニーズも行動も多様化しているので、SNSとHP、ネット広告の連携を考えながら最適化していきましょう。

まずHP上でSNSの存在をしっかり

告知する、逆もまたしかりです。HPは見ていなくても、友人からまわってきたFacebookの投稿は見ているという人は意外と多いものです。またFacebookに着地したユーザーに視点を変えて訴求するため、Instagramやブログを案内するのも有効な手段です。

10 Webマーケティングの全容をサッカーに例えると

トリプルメディアマーケティングについて説明してきましたが、最後にSNSとブログ、HP、ネット広告の関係をサッカーに例えてみましょう。

まず、すべての情報が網羅されたHPはディフェンダーです。機動力こそ低いものの、すべてのマーケティングの受け皿となるからです。縦横無尽に視点や見せ方を変えられるブログは、さながらミッドフィールダー。そして潜在客・見込み客との最初の接点となるSNSやネット広告はフォワードです。

サッカーの世界と異なるのは、Webマーケティングはプレイヤーを何人投入してもいいという点です。強豪（競合他社）よりも多くのプレイヤーを投入して戦略的に連携できれば、その分、反響も得やすくなります。ターゲットが若年層で新規客との接点を増やしたいならTwitterを始めてみてもいいでしょうし、見込み客の購買意欲を高めるなら直感型のInstagramがいいでしょう。

動画で伝えられるような商品・サービスならYouTube、ユーザーとのコミュニケーションを促進したいならＬＩＮＥライブなど生配信サービスを使うのも有効な手法です。それぞれのサービスにはもちろんメリット・デメリットがあるので、これらを複合的に連携させていくことで、デメリットを排除して相乗効果を生み出していきましょう。

本章で見てきたように、トリプルメディアの連携は、Ｗｅｂマーケティングではますます重要になってきています。とはいえ、知識の追いつかない状態からすべてを一気に着手することは無謀です。まずはＨＰ、次にFacebookと順を追いながら自社に適したメディアを加えて、オンリーワンのマーケティング戦略を目指していきましょう。

第4章のまとめ

①ＳＥＯ対策を施し、ホームページを大きな受け皿に。
②自社ブログで、認知・集客からフォローまで見込み客を囲い込む。
③ブログはコンテンツマーケティングの主軸と意識する。
④地域名＋業態関連のブログで上位表示が基本。
⑤コンテンツマーケティングの成否はブログを中心に考える。
⑥ＳＮＳは情報共有＋情報収集＋拡散性を狙っていく。
⑦ネット広告はテストをくり返して、運用を最適化する。
⑧点ではなく線で消費者の動きを想定する。
⑨ＳＮＳとブログは、違うアプローチでユーザーを引きつける。
⑩一気にやらなくても大丈夫。選手交代しながらオンリーワンの戦略へ。

4

第5章

ソーシャルメディアマーケティングの考え方

本章ではソーシャル・ネットワーキング・サービス（ＳＮＳ）やブログをより実践的に活用するために、全体の流れと見込まれる効果やアクションについて説明していきます。新規客の発掘・集客から顧客化までの道筋をより具体的に想定しておくことで、理想のマーケティング展開にぐっと近づけるはずです。

1　運用目的を明確に

企業の価値を社会に伝えるための手段がＳＮＳやブログです。はやっているから、競合がやっているから、といって始めても、明確な目的がないアカウントには良好なつながりは生まれません。

認知拡大、売上アップ、採用強化といった成果はもちろんのこと、大切なのは、運用の目的です。まず定めておきたいことは「社会にどんな影響を与えたいのか」という最終ゴールです。

運用を始める際は、最終ゴールについて社内で話し合い、ビジョンや価値観を統一して一つの方向に向かって進んでいきましょう。

2 効果的な集客

ビジネスでもっとも難しいと言われている集客ですが、ブログやSNSを戦略立てて活用すれば、どんなビジネスでも集客に役立てることができます。

集客のコツ1　ステークホルダーの活用

はじめに着手したいのは、ソーシャルメディアを使ってリアルな人脈を強化することです。SNSを始めたからといって、魔法のように新規の見込み客が集まるわけではありません。最初は、家族・社員・取引先など身近な存在とのつながりを作ることがスタートライン。ステークホルダーの活用です。

オフラインのビジネスでは、信頼ある筋からの紹介ほど成約率が高いことは、周知の事実でしょう。実はSNS上でも同じなのです。あなたの会社の商品・サービスが本当に良いものならば、ステークホルダーは喜んであなたのSNSアカウントを拡散してくれるはずです。もちろん強制するものではありませんが、SNSを活用する意義や意図を明確に伝えれば、多くの人は協力してくれます。

図5-1 リアルな人脈―ステークホルダーの活用

出典：marusulp_official(https://instagram.com/marusulp_official)

近しい人とひと通りSNSでつながったら、次はリアルに会った新規の見込み客にフォローを依頼するという流れです。問い合わせからの来店者でも、イベントに遊びに来てくれた方でも、とにかくつながってみてください。新規のフォロワーが1名増える＝営業先が1件増えるということです。私が見るかぎり、この手間暇を惜しまずに運用している中小企業は、決まって高い成果を上げています。

集客のコツ2 より多くの人にアピールする

ステークホルダーとの関係性を作ることができたら、次はより多くの人にアピールする方法を知るために、SNSの仕様を把握しましょう。

例えば、Facebookはアルゴリズムによって、ユーザーに表示される優先順位が変わってきます。ユーザーのリアクションによって親密度や重要度が測られ、投稿からの経過時間やネガティブな反応の有無がリーチ数に大きく影響します。

Instagramも同様のアルゴリズムがあり、24時間以内の投稿に対する「いいね」数やエンゲージメント率、滞在時間が人気投稿に入る条件となります。他の人気投稿との類似性も加味されるため、選定するハッシュタグの規模もポイントです。

また「Twitter」も、投稿時間、信頼性のあるプロフィールづくり、「いいね」やリツイートの獲得によるエンゲージメントによってコンテンツの露出度が変わります。

このようにアルゴリズムによって、表示回数が大幅に左右され、優先順位が低ければ、せっかくの投稿がなかなか人の目に触れないという事態になってしまいます。むやみにコンテンツを出せば良いというものではなく、ソーシャルメディアの仕様やユーザーの趣向を理解した上で、価値の高い情報を掲載していきましょう。

集客のコツ3　反響が得られない理由

SNSの仕様を把握した上で質の高いコンテンツを投稿しているにもかかわらず、リーチが伸びない、フォロワーが集まらないとしたら、ビジョンや商品コンセプト、USP（自社の強み）に課題があると考える必要があります。

SNSやブログが上手くいかないわけはない、と言っているのではありません。実際に多くの企業が、こうした課題を残したままソーシャルメディア運用を行っているのが現状なのです。しっかり運用していても反響が得られない時は「お客様にとって価値ある商品ではないのかもしれない」と自社を見直す絶好のチャンスと捉えて、もう一度、自社のビジョンや商品コンセプト・仕様、USPを練り直しましょう。

ソーシャルメディア運用のPDCAは、オペレーションだけではありません。自社の理念やこだわりを表現していくメディアだからこそ、客観的な評価を受け入れ、改善を続けていく必要があるのです。

集客のコツ4　SNS広告の費用対効果を考える

集客における最後のポイントは広告です。SNS広告を積極的に活用することで、よりスピード感をもって集客につなげることができます。とくに知名度の低い地域ビジネスの中小企業は、ぜひSNS広告を取り入れてください。

紙のチラシは一部約10円かかります（図5―2）。しかも、地域という漠然とした場所で不特定多数に配布するため、アテンション――誰の注目をどのくらい集めることができたか――が把握しにくいという難点があります。ターゲットにピンポイントで配布することができないため無駄打ちが多く、コストがかかるわりに効率が悪いのです。

そこで、SNS広告の出番です。地域・年齢・性別・趣味嗜好など精緻なターゲティングが可能。しかも1人に投稿を表示させる費用は1円以下という低コストです。

フォロワー集め（リスト取りと同じ役割）にかかる費用も桁違いです。Facebook広告ならフォロワー1人を300～600円で獲得できますが、住宅業界の名簿獲得コストは、1人約10万円。費用対効果は比べ物にならないことがおわかりいただけるでしょう。

SNS広告は、一度フォローしてもらえればソーシャルメディア上でお金をかけずに情報を届けられるので、お金と手間のかかるダイレクトメール（DM）を送る必要もありません。もはや、集客や顧客管理にかけてきたコストをSNSに振り替える時が来ているのだと思います。

図5-2 チラシとSNS広告の費用対効果

	単価	フォロワー1人
チラシ	@10円	10万円
SNS広告	@1円以下	300円～600円

5

3　見込み客の育成

ソーシャルメディアは見込み客の発掘だけでなく、見込み客の育成にも役立てることができます。第2章で見たように、購買意思決定に至るプロセス――S（検索）C（比較）E（検討）――の多くがWeb上で行われています。そのため、接点さえ持つことができれば、まだ購買意思が薄い段階でも、ジワジワと確度の高い見込み客へと育成していくことが可能なのです。

見込み客の育成方法1　コンテンツを通じて教育する

見込み客の育成の目的は「購買意欲を上げる」ことです。したがって、コンテンツ制作の大前提は見込み客が欲しがっている情報を提供していくことです。具体的にどんな情報を提供すればいいのでしょうか。

・業界の常識やノウハウ

・商品・サービスの利用者の声
・よくある質問集
・セールやイベント情報
・会社のこだわりや他社にないオリジナルな技術など、信頼を裏づける情報

これらを自社にマッチした形式でコンテンツ化し、ソーシャルメディアにコツコツと投稿していくのです。同じ話を何度くり返してもかまいません。むしろ大事な話は角度を変えたコンテンツで何度も伝えていきましょう。

ソーシャルメディアマーケティングで見込み客を育てる方法は、有用なコンテンツの投稿以外にありません。多くの企業では商品知識の乏しい事務方のスタッフが空き時間を利用してソーシャルメディアを運用していますが、片手間で作ったコンテンツでは購買意欲を上げるには至らないのが現実です。

見込み客の育成方法2　コンテンツの目指す指標を知る

見込み客育成の基本は「どうしたら購買意欲が上がるのか」とゴールから逆算して考え、文章・写真・動画を組み合わせコンテンツ化していくことです。作成したコン

テンツはFacebook、Instagram、Twitter、ブログとそれぞれのメディアに合わせて形を変えて掲載していきます。

ただし、飲食業と住宅業のアカウントでは内容や見せ方も違います。飲食やアパレルなどビジュアル要素が求められる業種は、写真や動画などの視覚に訴えるイメージ情報を増やすと効果的です。一方、家や車といった単価の高い商品・サービスは、精緻な情報を用意してテキストや動画をしっかり作り込んだ方がいいでしょう。

購買意欲が醸成できているかを見極めるには、コンテンツの「いいね」数やエンゲージメントが目安となります。ブログでいえばセッション数です。Facebookならフォロワー1000人に対してリーチが8000人あればひとまず成功、オーガニック（広告を使わない自然流入）で2000〜3000人の規模までリーチが伸びれば、コメントなどのリアクションが返ってくる可能性が高くなります。

このように見込み客の購買意欲を数値で測ることができるのも、ソーシャルメディアマーケティングのメリットの一つです。

4 販売への誘導・強化

集客・見込み客育成まで進んだら、次はいよいよ販売です。このフェーズに進む前に、まずは「比較・検討の末に選ばれた結果が販売」であるという考え方を押さえておきましょう。

販売の原則1　お客様は企業の都合で動いてはくれない

Ｗｅｂを活用すれば、意思決定のタイミングを示唆したり、セール情報で誘導をかけたりすることは可能です。しかし、実際に来店して商品を購入するかどうかは見込み客のプライベートな事情によります。残念ながら、企業側が顧客をコントロールして「今すぐ、確実に買わせる」ことはほぼ不可能なのです。

とはいえ事前にソーシャルメディアで営業を強化すれば、直の商談による受注率が格段に上がるのも事実です。すでにブログや自社のホームページなどで幾度となく情報に触れてもらい、コツコツと育成してきた見込み客を相手に商談するのですから、契約までの時間が短くなるのは当然です。

その販売機会を最大化するために、逆算で取り組んでいくのが販売のフェーズなのです。これまでのダイレクトレスポンスマーケティングの考え方では、流入経路や購買のきっかけを特定してきましたが、ソーシャルメディアマーケティングでは特定できません。なぜなら最終的に「ホームページを見てきました」という見込み客であっても、ホームページの前にチラシを見ていたり、最初に知ったきっかけは友人からのシェアによるSNSコンテンツだったり、紹介だったりということが頻繁にあるからです。

ユーザーがSNSの記事に接触するのは、ほとんど偶然と言ってよいでしょう。だからこそ情報収集の初期段階でも、最終段階でも心をつかむことのできるキラーコンテンツを用意しましょう。顧客事例コンテンツは、キラーコンテンツの代表です。

単に「○○を買いました」といった顧客紹介にとどまらず、顧客がどこで自社を見つけ、どんな思いで情報を収集し、どのような葛藤を抱えながら、何が決め手で購買に至ったのか。そして、購入後の生活はどのように変わったのかというストーリー性を持ったコンテンツに仕上げていくことが大切です。

事例コンテンツは、取材や撮影などが必要になる上、見込み客が受け取りやすいように工夫して制作する必要があるため、かなり手間暇のかかる作業になりますが、ユーザーの関心は非常に高いので、ぜひ取り組みましょう。

販売の原則2　スタッフの営業力を磨く

実際に来店した見込み客に最終的な意思決定を促すためにも、スタッフの営業力は欠かせません。スタッフの対応いかんで、じわじわ高まってきた購買意欲が跳ねるか、止まるか。ここで購買意欲が冷めれば受注確率は一気に落ちてしまいます。

SNSでの情報収集によって賢くなった見込み客に納得のいく説明ができる営業マンになってください。購買意欲の上がった見込み客に対してプロとしての信頼を見せられるかどうか。見込み客よりも10倍以上の知識をもってクロージング（成約）していきたいものです。

あなたの会社はお客様の受け入れ態勢が整っていますか？　SNSを運用し始めた段階でスタッフが身に付けるべきことは、従来よりも深い商品知識や、自社についての理解です。「新大陸」のクライアントには、SNS運用の開始に伴って研修や勉強会を積極的に設けている企業もたくさんあります。

5 顧客化

ソーシャルメディアマーケティングは、販売して終わりではありません。新しい商品が出たら再度購入してもらい、ファンになってもらうための顧客化プロセスが必要になります。

顧客化の目的1　単発客をファンに育てる

ソーシャルメディアマーケティングに限らず、マーケティングで大切なのはLTV（ライフタイムバリュー）の向上です。消費者が一度商品を良いと感じてくれても、必ずしもリピートしてくれるわけではありません。なぜなら、より質の高い低価格な商品はないかと、消費者はつねに比較検討フェーズに戻るからです。

だからこそ、購入後の継続的なコミュニケーションが欠かせません。ソーシャルメディアを通じて既存顧客に情報提供を続けることで、顧客のマインドシェアを高めておけば、仮に他社の情報を横目で見たとしても、あなたの会社のファンとして顧客化できるのです。

既存顧客にキャンペーンチラシやダイレクトメール（DM）を送っている企業も多いと思いますが、ソーシャルメディアを活用すればその手間もコストも大幅に省くことができます。また購入前から購入後までを一貫してフォローできるので、顧客からの信頼も獲得しやすいという特長があります。

具体的には、会社の現状や担当者の今をコンテンツ化することです。担当者の姿が見えることで親しみや安心感を与えることができます。また、お客様事例コンテンツとしてSNSに登場してもらえば、顧客として掲載される特別感によって、喜びや感動を与えることもでき、拡散も期待できます。

顧客と良質なコミュニケーションを取り、永続的なファンを獲得する。そうすれば自然と追加注文や紹介につながります。これこそがソーシャルメディアマーケティングの真髄と言えるでしょう。

顧客化の目的2　売ってからがビジネスの始まり

一度購入した既存顧客といえども、最初はまだスペックによって評価する浅いファンがほとんどです。その人たちを継続的なコミュニケーションによって、企業の思いや考え方など上位概念に共感してくれる深いファンへ育てていく。それが顧客化プロ

図5-3 集客から顧客化までの4ステップ

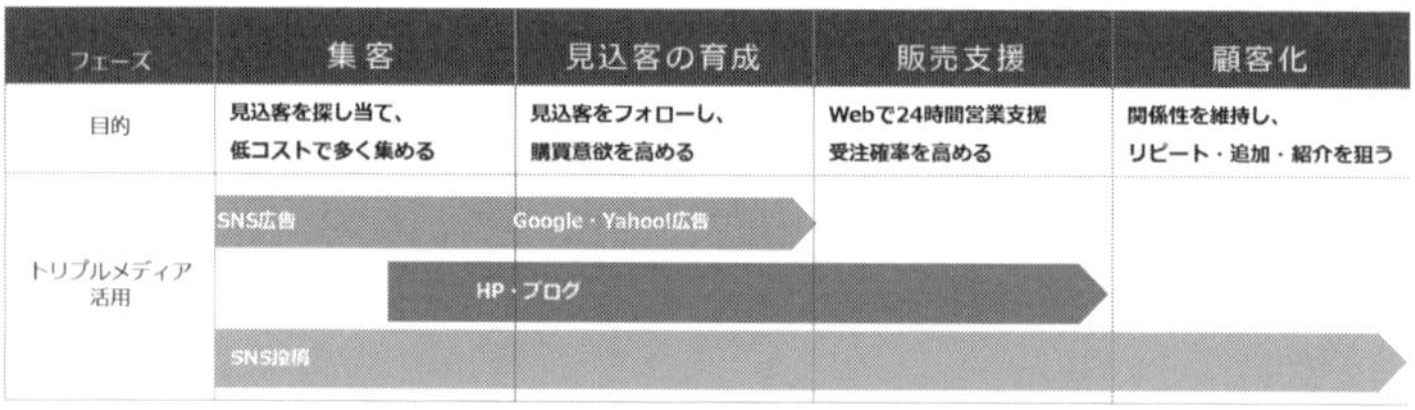

セスの目的です（図5―3）。

アップル社の故スティーブ・ジョブズの考え方に共感した人は、他社の製品に浮気せず引き続きアップル製品を購入しています。たとえ他社製品のスペックが高くても、その姿勢は変わりません。この域にまで顧客を育てることこそがブランディングであり、マーケティングの本質でもあります。そのためにも企業は、商品を通じて世の中へ伝えたい価値をコンテンツにして、顧客へ届ける必要があるのです。

例えばナイキ社は靴の性能について多くを語りません。企業の理念、ビジョン、コンセプトを言語化した「Just Do It」というキャッチフレーズは消費者にも親しまれ、ファンを獲得し続けています。このように、ブランディングの第一歩は、企業の本質的な考え方をわかりやすい形で言語化することから始まります。これをコンテンツに切り分け、各メディアへ散りばめていくのです。

営業だけでは、顧客との接点はなくなってしまいます。私が経営していたラーメンチェーンのような業態は、顧客への情報提供が容易ではありませんでした。店の外でどれだけ顧客とコミュニケーションを取ることができるか。これこそが店舗業が抱える課題の一つでしょう。

いかにラーメンがおいしくても、人の記憶は曖昧なもので、すぐに忘れられてしまいます。企業は顧客のことを覚えていても、顧客は企業のことなど気にしていない。新しい店ができれば、あっさりそちらに行ってしまう。それは自然な流れなのです。顧客は浮気性で、あなたの会社のことを記憶に留めない人たち。だからこそ企業は顧客とのコミュニケーションを継続させる努力を怠ってはならないのです。それができている企業は少ないのですが、顧客化こそが本当のマーケティングであり、企業の発展に欠かせない最重要プロセスの一つです。

第5章のまとめ

①目に見える成果ではなく、社会的な価値を運用目的に！

②集客のコツ
・運用の第一歩はステークホルダーとのつながり。新規客は後回し！
・アルゴリズムを知り、情報拡散の仕組みを理解しよう。
・反響を得られない時は、自社商品を見直す絶好のチャンス！
・チラシよりも低コスト。ＳＮＳ広告で見込み客への接触をはかる。

③見込み客の育成方法
・すぐに売らない！　大事な話は何度も伝えて、見込み客を育てる。
・コンテンツの良し悪しはエンゲージメントとリーチ数で判断。

④販売の原則

・信頼性とストーリー性のある事例紹介で購買意欲を高める。
・最終的な意思決定を促すために、スタッフの営業力を磨け。

⑤顧客化の目的
・一度つながった顧客をフォローし続けて、ファンに育てよう。
・売るだけではなく、顧客化こそがマーケティングの真髄。

第6章

ソーシャルメディア運用チームの作り方

1　望ましいチーム編成

「たかがFacebook、たかがInstagram。手の空いているスタッフにやらせておけばいいだろう」――そんな会社は少なくありません。あなたの会社も同じ考えなら、今すぐスタッフにソーシャル・ネットワーキング・サービス（ＳＮＳ）の仕事はやめさせて、本業に集中させるべきです。

隙間時間を使った「なんとなく」の運用では、せっかくの投稿記事が大量の情報の中に埋もれてしまい、効果はまったく望めません。ソーシャルメディアの運用は「誰でもできる、無料でできる」という触れ込みとは裏腹に、巧妙なテクニックが求められるのです。

本章では、ソーシャルメディア運用のチームビルディングについて説明します。

まず企業のマーケティングとしてソーシャルメディアを運用するなら、以下の４人で構成するチームが必要です。それぞれの役まわりと具体的に何をするのか見ていきましょう。

図6-1 ソーシャルメディア運用のチーム体制

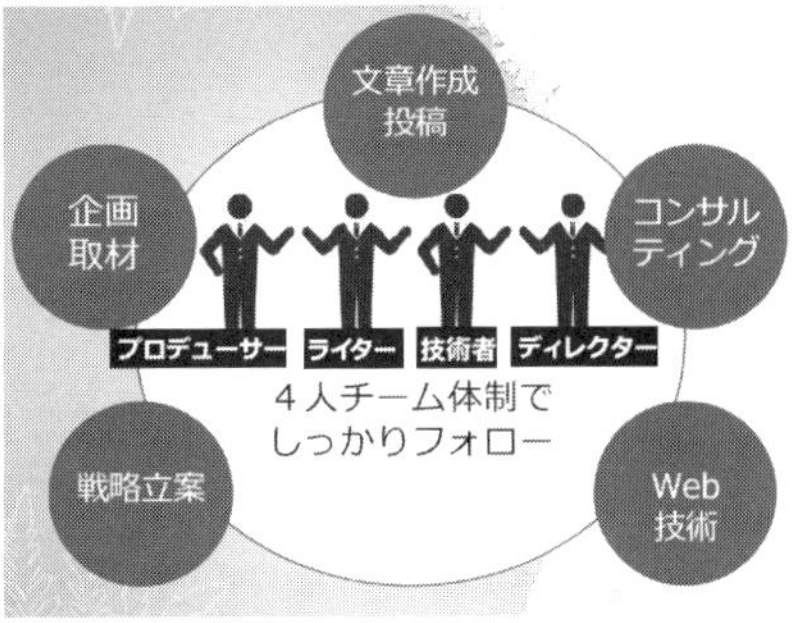

チーム編成1　プロデューサー

まず重要なのが、ソーシャルメディアをはじめとするＷｅｂの戦略だけでなく、自社の経営・営業戦略を熟知した上で全体像を描くプロデューサーの存在です。実際のオペレーションを行うわけではありませんが、Ｗｅｂやマーケティングに関する高度な専門知識は必須。それに加え、経営・営業といった事業運営に欠かせない能力も求められます。

　プロデューサーは、自社・顧客・市場を包括して捉える客観的な視点が欠かせません。プロデューサーがいないソーシャルメディア運用は、海図なくして航海に出るようなものです。自社でソーシャルメディア運用を行うのであれば、代表もしくは事業部長クラスの責任者が舵を取りたいところです。

チーム編成2　ディレクター

次にディレクターです。プロデューサーが描いた全体像をもとに企画を考え、全体のオペレーションが滞りなく進むよう綿密な計画を立て、実際の運用をディレクションしていくポジションです。会社・商品の知識に加えて、ホームページやSEO対策、インターネット広告などWebマーケティング全般の知見も求められます。ディレクターの役割は、実体験をベースにスキルが培われていくところに難しさがあります。そのため社内スタッフをアサインする際は、育成期間も見込んでおく必要があります。またプロデューサーと作業チームとのスムーズな連携のためには、コミュニケーション能力の高さも求められます。

チーム編成3　ライター（コンテンツ制作者）

コンテンツ作成を担うライターは読みやすい文章を書けるだけではなく、マーケティングを理解し、購買意欲を醸成できるコンテンツの作り手としての素養も必要。いわばコピーライターです。また、取材に出向き、コンテンツになる良質なネタを拾ってくることも必要なので、コミュニケーション能力も大切です。

会社の思いやこだわり、商品・サービスの特徴といったネタを集めて、独自の切り口で読者へ届けられるか？　単に文章力だけではありません。収集した情報をもとに創意工夫を凝らし、マーケティングの要素を取り入れてコンテンツを仕上げられる技量のあるライターが理想的です。

チーム編成4　技術者

Webサイトのコーディングや SEO、インターネット広告の運用技術、デザインや撮影など、コンテンツ制作にはさまざまな技術が必要です。そうした役割を担うのが技術者（オペレーター）です。技術者をどれだけ有効活用できるかが、ソーシャルメディア運用の核であると言ってもいいでしょう。

技術者を社内でアサインできる場合はいいのですが、多くは外部の技術者を頼ることになるでしょう。その際は単に仕事を発注するスタンスではなく、会社の理念や思いなど自社の深い情報をなるべく多く共有しておくことがポイントとなります。

2 外部パートナーとの協業

プロデューサー、ディレクター、ライター、技術者とソーシャルメディア運用に必要なメンバーの役割について触れてきました。本格的に運用を行うならば、外部パートナーとの連携を考慮してもよいと思います。社内ですべきこととアウトソーシングすべきことをしっかり見極めましょう。

アウトソーシングという手法は、働き方改革への取り組みともなる方策の一つです。そもそもライフスタイルや働き方が多様化している昨今、外部・内部という区分けも意味が薄れつつあります。

特にライターや技術者は外部パートナーの活用で効率化できる可能性が高いでしょう。企業側は、いかにして優秀なライターや技術者を集め、滞りなくオペレーションを回していくかという管理能力が求められることになります。

外部パートナーの採用基準

プロのライターや技術者を管理するためには、会社の方向性や戦略、理念なども共有することが大切です。職場が違っても心ひとつになってほしい、皆で同じ方向に向かっていきたいと、プロジェクトに対する思いを伝えて、外部パートナーとの絆をかためていきましょう。優秀な外部パートナーと足並みを揃えてオペレーションを回すことができれば、ソーシャルメディアの運用効果は一気に加速するはずです。

そのためにも外部パートナーとはしっかりコミュニケーションを取りましょう。例えば、「新大陸」では外部パートナーの採用率は30名に1名程度と狭き門ですが、打ち合わせや食事会を定期的に設け、少しでも長く一緒に仕事ができるように努めています。また、パートナーのビジネスがより発展するように自社のSNSで取り上げるなど、信頼し合える関係性を築くために労を惜しみません。

採用基準は、ずばりプロフェッショナルであるかどうかです。ライティングのメンバーには、「ただ書く」のではなく自らの責任感をもって質の高いコンテンツ作りができるライターを求めましょう。外部パートナーとの相乗効果を最大限に高めるためにも、「新大陸」では外部・内部の採用基準を統一するようにしています。

3 ソーシャルメディア運用年間戦略表の作り方

必要な人材が揃ったら、次に取りかかるのが年間戦略表の作成です（図6—2）。年間戦略表とは、向こう一年間のソーシャルメディアの運用計画のことです。自社の強み・弱みや競合、見込み顧客のペルソナ（メインターゲットの設定）を徹底して行い、ＫＧＩ（経営目標達成指標）やＫＰＩ（重要業績評価指標）、コンテンツの企画案までを一枚の紙にまとめる作業です。

運用の目的を決めてターゲットを絞り込み、売上目標を立てたら、そこから各メディアで狙いたいアクセス数・フォロワー数・エンゲージメントなど具体的な数値に落

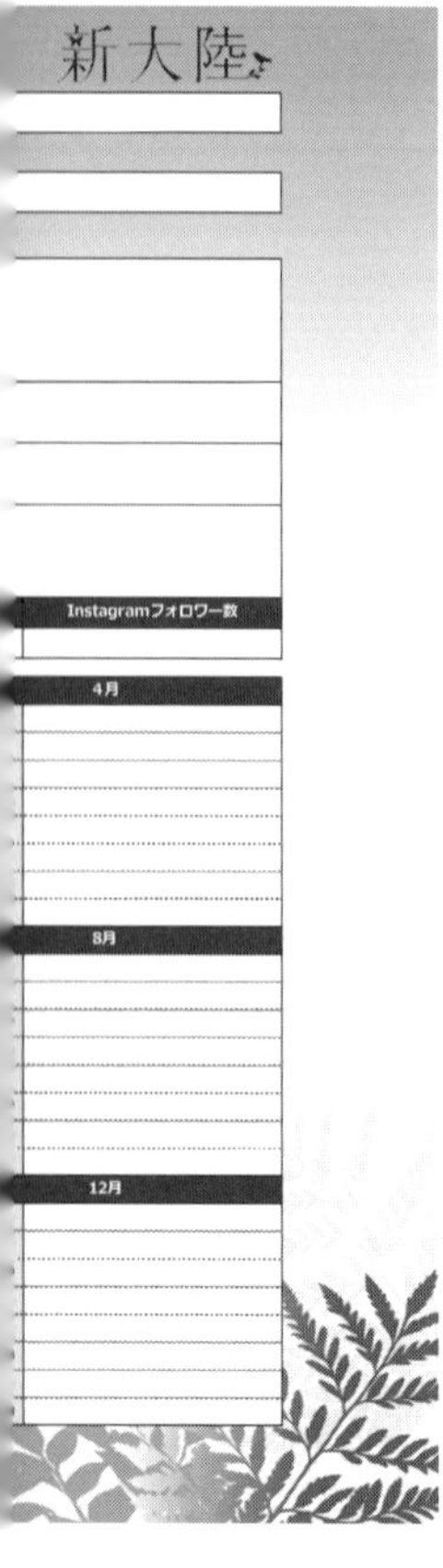

図6-2　1年間のSNS運用計画を立てることで目標達成を確実にする年間戦略表

SNS運用　年間戦略表（2020年）

◆基本情報

企業名		ご担当者名		ご担当
掲載開始月		電話番号		
営業		ディレクター		

◆SNSアカウント

Gmail			
ID		PASS	
facebook			
アドレス		PASS	
URL			
Instagram			
ID		PASS	
URL			
ブログ			
ID		PASS	
URL			

◆目標

運用目的	
ターゲット	
キーワード	
1年後の目標	HPアクセス数/月間

掲載コンテンツイメージ	月間コラム構成　1月		2月		3月
	1/7　(火)		2/4　(火)		3/5　(木)
	1/9　(木)		2/6　(木)		3/10　(火)
	1/14　(火)		2/11　(火)		3/12　(木)
	1/16　(木)		2/13　(木)		3/17　(火)
	1/21　(火)		2/18　(火)		3/19　(木)
	1/23　(木)		2/20　(木)		3/24　(火)
	1/28　(火)		2/25　(火)		3/26　(木)
	1/30　(木)		2/27　(木)		3/31　(火)
	5月		6月		7月
	5/5　(火)		6/4　(木)		7/7　(火)
	5/7　(木)		6/9　(火)		7/9　(木)
	5/12　(火)		6/11　(木)		7/14　(火)
	5/14　(木)		6/16　(火)		7/16　(木)
	5/19　(火)		6/18　(木)		7/21　(火)
	5/21　(木)		6/23　(火)		7/23　(木)
	5/26　(火)		6/25　(木)		7/28　(火)
	5/28　(木)		6/30　(火)		7/30　(木)
	9月		10月		11月
	9/3　(木)		10/6　(火)		11/3　(火)
	9/8　(火)		10/8　(木)		11/5　(木)
	9/10　(木)		10/13　(火)		11/10　(火)
	9/15　(火)		10/15　(木)		11/12　(木)
	9/17　(木)		10/20　(火)		11/17　(火)
	9/22　(火)		10/22　(木)		11/19　(木)
	9/24　(木)		10/27　(火)		11/24　(火)
	9/29　(火)		10/29　(木)		11/26　(木)

1

とし込んでいきます。

コンテンツは1週間に2回投稿するとして、年間で96本。コンテンツ内容には自社のアピールポイントの他、イベントや新商品プロモーションの予定などもしっかり盛り込んで企画を立て、年間戦略表を作成します。その際に気をつけたいのは、会社の事業計画との連動性を持たせることです。

第6章のまとめ

①4人のプロチームで情報戦に挑む

1　プロデューサーは企業の代表か事業部長クラスの経験者を。
2　ディレクターにはWebマーケティングの実践経験のある人材を。
3　マーケティングに知見を持ったライターが理想的。
4　技術者（オペレーター）には理念を共有した上で仕事を依頼する。

②ライターや技術者は外部パートナーとの連携も選択肢の一つ

責任感やコミュニケーション力も重視して外部パートナーを選ぶ。

③年96本のコンテンツで、目的をかなえる。

第7章

コンテンツの作り方

1 良いコンテンツとは

コンテンツの種類はさまざまです。文章は多めで読み物として仕上げるのか、写真でイメージを伝え購買意欲を上げるのか、商品によってコンテンツの作り方は変わります。また、メディアに合わせてコンテンツの出し方は変えるべきです。

良いコンテンツとは「見込み客にとって有用な情報が含まれている記事」のことです。さらに、他では見られない独自の情報が掲載されている記事なら最良のコンテンツと言えます。

世にあるコンテンツの多くは、少し調べればわかる程度の表面的な情報です。しかし、集客→見込み客育成→販売→顧客化というマーケティングプロセスの中で徐々にユーザーと距離を縮め、深度を深めていくためには、それでは足りないのです。では人の注意を引き、納得感を与えるコンテンツはどのようにして作ればいいのでしょうか？「良いコンテンツ」の作り方は意外にも単純です。コンテンツの元ネタに対して「なぜ？」を問いかけ続けるのです。

例えば「住宅ローンのノウハウ」に関する記事であれば、ローンの種類や条件といったパンフレットに載っているような情報だけでなく、金融機関や住宅会社の背景まで深掘りして記事にします。「なぜ？」をくり返して突っ込んだ内容にするためには、当然ながら専門家への取材も必要になり、事前に調べものをしたり勉強したり、一つひとつの記事にかなりの手間と時間がかかるはずです。しかし、どれだけこの手間暇をかけられるかがコンテンツの善し悪しを決めると言っても過言ではありません。

2 なぜコンテンツ制作は難しいのか

難しいのは、自社のスタッフでコンテンツを作ろうとすると、どうしても主観的になってしまうという点です。自分たちの作っている商品、行っているサービスが当たり前すぎて、読者が面白いと感じる情報なのかわからないというクライアントは少なくありません。そうなると、独自でありたいがために専門用語が並ぶ難しい内容になったり、ひとりよがりな内容になったりして、読者の興味を引けなくなってしまいます。

月並みですが、コンテンツの基本はお客様視点です。見込み客の立場になってコンテンツを作るには、お客様の話をよく聞き、その背景を知ることです。そうして見込み客のクエスチョンを正確に把握して、コンテンツがアンサーになるように作成していくのがコツです。ライティング技術はあくまでその次のステップです。徹底したお客様視点を貫かないことには、読まれるコンテンツは生まれません。

また、コンテンツを作る上で重要なのが売り込みをしないということです。自社でコンテンツを作っていると、どうしてもセールス寄りの内容になりがちですが、それでは初見の読者に敬遠されてしまいます。

初期の検討段階で仕掛けるセールスは、競合の影響も強くはないため可能性ゼロではありません。しかしそれよりも見込み客が離れていくリスクの方が高いのです。たとえ結果的に他社を選ぶことになったとしても、見込み客が比較検討する上で有用な情報を提供するように心がけましょう。見込み客を自然に自社に引き寄せるコンテンツを作れるようになるには、実際に運用経験を重ねることが必要でしょう。

3 オリジナリティとは何か

「オリジナル」というと商品・サービスのスペックを他社と比較した性能面をイメージしてしまいがちですが、そうではありません。性能に対しての考え方の独自性がオリジナリティです。

例えば、自動車販売店で扱う商品はディーラーとまったく同じものなので、性能面でオリジナリティを訴求するのは不可能です。しかし車そのものではなく、「なぜその車を勧めるのか」という背景をコンテンツにしてみたらどうなるでしょうか。

「この車にはレーダーブレーキシステムが搭載されています。なぜ私たちが数ある車の中からこの車をお勧めするのか。それはすてきなカーライフと同じくらい大切な安全をお客様に提供したいからです。このメーカーのブレーキシステムは他社と比べて◯◯のような特徴があり、お年を召された方や初心者の方にも安心です」

このように、性能に対してどう考え、どういう思いで商品を取り扱っているのかを述べていくことで、オリジナリティは思いのほか簡単にできあがります。ただし「見込み客が知りたい情報である」という前提条件を踏まえた上で記事を書きましょう。

4 購買意欲を育てるコンテンツ

売り手はどうしてもスペックやロジックの話をしたくなるものですが、それを突きつめると、売り手が正論を述べて安心したいだけ、とも言えます。住宅業界で言えば、初めて来たお客様にいきなり断熱性能や柱の太さなどの小難しい話を説明するようなものです。それも大事な情報ですが、初めてのお客様は外観のデザインや家を建てた後のライフスタイルの方に興味が向いているものなので、ありがた迷惑にもなりかねません。

コンテンツを作る際には、見込み客の知りたいことをリストアップした上で、優先順位をつけて企画していくこと、さらに性別・年齢・悩みなどターゲットを明確にし、購買までのストーリーを描いてあげることも大切です。

購買意欲が100点で契約、70点で来店だとしたら、そこまで購買意欲を育てていくためにはどんなストーリーを描けばいいのか。こうした視点で考えてこそ、お客様視点の良質なコンテンツができるのです。そこから競合他社を上回るストーリーをコンテンツ化していけば、成果はより確実なものになるでしょう。

5 事例紹介コンテンツの作り方

顧客の事例紹介は、ソーシャルメディア運用におけるキラーコンテンツの一つです。写真とコメントだけでも悪くありませんが、より購買意欲を高めるためには具体性のあるコンテンツに仕上げましょう。商品を購入しようと思った背景や想いに対して、どのような提案をして、どのような葛藤を経て最終的に購買へ至ったのか。ヒーローストーリーのような事例紹介は説得力を持つキラーコンテンツとなります。

ポイントは苦労や葛藤についてもリアルに表現することです。単なるハッピーエンドでは読み手も飽きてしまうので、起承転結をしっかり設けましょう。

事例紹介（図7―1、7―2）は顧客への取材が必須で、執筆や編集にも時間がかかりますが、具体性のある「お客様の声」ほど、見込み客が納得するコンテンツはありません。可能な範囲でぜひチャレンジしてください。

一方、飲食店など事例を深掘りできない業種については、写真とコメントなど手軽なものとする代わりに量で勝負がポイントです。コメントが一つ二つでは説得力に欠けますが、数十、数百も声が集まれば強力なキラーコンテンツになり得ます。

6 USPコンテンツの作り方

USP（Unique Selling Proposition）とは、その企業独自の売りやこだわりを表すものです。コンテンツ化する際は、USPが見込み客にとって何の役に立つのかを明確にします。そうでないと単なる自慢話になってしまうので気をつけましょう。いきなり強みを伝えるのではなく、相手の悩みに答える構成にすると「ためになる記事」になります。

図7-1　事例紹介コンテンツ

出典：「新大陸」のホームページ
（https://shintairiku.jp/voice/komasyo）

図7-2　事例紹介コンテンツ

出典：「新大陸」のホームページ
（https://shintairiku.jp/voice/saijyokensetsu）

例えば、「断熱性能にこだわっているので冬でも暖かい家に仕上がります」ではなく、「寒いとリビングの居心地が悪いですよね？　そこで大切にしたいのが住まいの断熱性能」というように、悩み解決型でＵＳＰを訴求していくのです。相手を想定した上でニーズに沿ってＵＳＰを訴求すれば、購買意欲の醸成につながります。

私がよく言うのは「お客様は自社を選びたいのに選べていない」という考え方です。あなたの会社を選べない理由が必ずある。それを解決していくためには競合他社の商品やコンテンツを研究し、明確に差別化できるアプローチをしなくてはなりません。他社と同じようにしか見えないと見込み客は迷うばかりです。あなたの会社の抜きん出た商品やサービスを伝え、不安や疑問を払拭してあげれば、他社より一歩ずつリードが広がります。ＵＳＰコンテンツはそこを意識して作りましょう。

7 スタッフ紹介コンテンツの作り方

見込み客はつねに「だまされたくない」「変な営業をされたくない」と思っています。そんな心理障壁を取り払うためのコンテンツがスタッフ紹介です（図７―３、

7―4）。

人間性が垣間見えるパーソナルな情報をコンテンツ化して見込み客に届けることで、そのスタッフに親しみがわき、安心感や信頼感も生まれ、購買意欲は一歩上昇します。テレビ取材を受けるような企業と違って、地域ビジネスは店に行くまでどんなスタッフがいるのかもわからないので、ユーザーは不安です。不安は購買意欲に強く影響するため、なるべく早い段階で対応したい課題です。

図7-3　スタッフ紹介コンテンツ

出典：「新大陸」のホームページ（https://shintairiku.net/staff）

図7-4　スタッフ紹介コンテンツ

出典：「新大陸」のホームページ（https://shintairiku.net/staff）

そもそも自己開示はマーケティングのセオリーです。丁寧な自己紹介文に加え、好印象を与える写真があればなお良いでしょう。具体的には次のようなことをベースにコンテンツ化していきます。

・仕事に対する思い
・顧客とのエピソード
・仕事にやりがいを感じる時
・プライベートでの趣味など、人となりがわかる情報　など

社内には「恥ずかしいから出たくない」というスタッフがいるかもしれませんが、それは「営業したくない」と言っているのと同じです。日本人はシャイな国民性なので致し方ない部分もありますが、スタッフ紹介は立派な営業であることや、コンテンツの意義を理解してもらい、なるべく協力してもらいましょう。

ただ、個人情報を扱うことにもなるため、プライバシー流出には十分に注意が必要です。コンテンツ化する情報は自社でコントロールし、社会保険庁へ届け出るような情報を開示しないなど、ルールを設けましょう。

見込み客は「だまされないか」「性格は合うか」「ニーズを叶える力をもっているか」と常にこちらを推し量っています。商品のスペックにかかわらず最終的には人で選ぶという消費者は決して少なくありません。不信が高まれば他社へ行ってしまうという原則も覚えておきましょう。特に商品の差別化が難しい地域ビジネスは、スタッフ紹介がキラーコンテンツとなるケースが多いのです。

8 ノウハウコンテンツの作り方

どんな業種の見込み客にも共通するのは「最初は右も左もわからない」ということです。知識を提供し、信頼感を得ながら見込み客の判断軸になれるよう、専門家視点のノウハウコンテンツ（図7―5、7―6）はしっかりと準備していきましょう。

まずは企画出しです。この業界で商品を選ぶなら「ココだけは押さえておくべき」という内容を徹底的に洗い出し、その後は一つのテーマを一つの記事で切り取ってコンテンツ化していきます。購買意欲を高め、意思決定を後押しするためのコンテンツなので球数は多いほど良いでしょう。

図7-5 ノウハウコンテンツ　出典：「駒商」のホームページ

（https//: www.komasyo.com/archives/comapedia）

図7-6 ノウハウコンテンツ　出典：「駒商」のホームページ

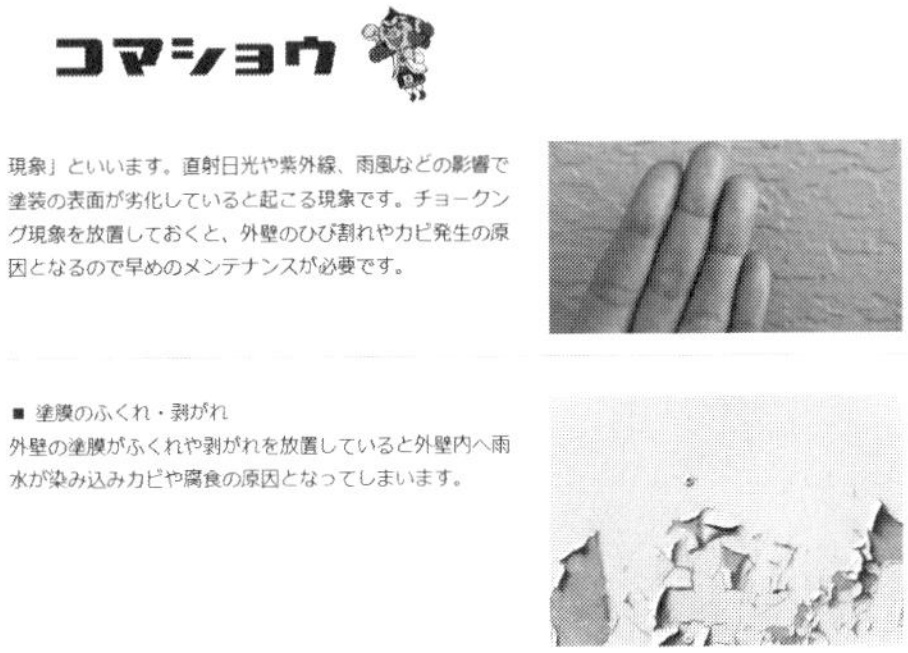

（https://www.komasyo.com/reform/other）

またスピード感をもって投稿することがポイントです。競合に先駆けてコンテンツを見込み客に届けることができれば、その分だけマインドシェアを高めることができます。また、ノウハウに加えて、考え方を教えることも意識しましょう。

魚の種類や生態よりも、まず魚の釣り方を教えてもらう方がメリットは大きく、信頼感が生まれやすいという理屈です。見込み客のニーズが低いうちから接触することができればなお良いでしょう。ニーズが潜在化している段階から自社の存在を知ってもらうことができれば、ニーズが顕在化した時の判断軸になれるからです。

そして、コンテンツの最後は主観で締めくくることが大事です。他社や業界との比較でもなく、「うちはこうしています」というスタンスを明確に述べることで説得力が増します。

見込み客とのファーストコンタクトになる可能性が高いノウハウコンテンツ、この段階で良質な情報が出せれば、ソーシャルメディア・ネットワーキング・サービス（SNS）運用を軌道に乗せるスピードが格段にアップできます。

9 イベント・キャンペーンコンテンツの作り方

SNSにおいて極端な売り込みはご法度ですが、嫌悪感を与えない程度に動機づけとなるコンテンツを組み込むことも重要です。イベント・キャンペーンコンテンツは「そのうち客」（弱い見込み客）の購買意欲醸成に役立ちます。

購買意欲をひと押しすることが目的なので、告知して終わりというパターンではなく、セールスロジックをもって文章を作り込んでいくことが大切です。売り手都合の文章では反応は得られません。相手にどのようなメリットがあるのか、なぜ今なのか、あくまでもお客様視点でセールス要素を語るようにします。ある程度関係性のある見込み客にしか刺さらないため、コンテンツ全体の20%以内に留めておきましょう。

大胆なイベント・キャンペーンならばSNS広告を使ってみてもいいでしょう。ただし「半額セール」や「激安」など表面的なスペックばかりを訴求すると、それだけを目当てに人が集まり、リピートしてくれないという傾向があります。あなたの会社の価値が伝わるイベント・キャンペーンにすることが大切です。

10 Q&Aコンテンツの作り方

毎度ボリュームのあるコンテンツが続くと、読者にも飽きられてしまいます。そこで箸休め的に投稿したいのが、ライトなQ&Aコンテンツです。見込み客から自社に寄せられる質問をまとめたもので、ホームページコンテンツにもよく用いられていま

7

す。

一見簡単なようですが、相応のテクニックが求められます。例えば価格を聞かれた時、スペックによって異なる場合があり、説明が難しくなってしまいます。また質問に対して正確かつストレートに答えるには、それなりの文章力が必要になります。

コツは、質問に対してお客様の視点で回答を用意すること。答えはなるべく短めの文章にまとめ、理由も添えながらポジティブな回答にすることが重要です。

まずは実際に自社に寄せられた質問を整理してみましょう。質問には社内の専門スタッフに答えてもらい、それを編集して、読み手の購買意欲が上がるようにブラッシュアップしていきます。Q&Aコンテンツも前述のノウハウコンテンツ同様、ニーズが高いので、定期的かつ継続して投稿していきます。

11 インスタ映えするビジュアルで攻める

「インスタ映え」という言葉がはやったように、写真の見せ方はSNS運用の中でも重要なテクニックの一つです。コンテンツの印象はビジュアルで決まるといってもいいでしょう。

近年では、写真だけでなく動画を取り入れる企業も増えています。良質な1分間の動画はテキスト180万文字に匹敵する情報量を持っていると言われ、イメージ訴求が重要なBtoCビジネスでの効果は絶大です。

ビジュアルコンテンツのボリュームは、写真なら4～5枚、動画なら1分以内であることが目安です。投稿頻度としては、Facebookなら週2回、Instagramは毎日、テキストメインのブログなら週1回など、メディア特性によって使い分けていきましょう。

投稿のタイミングは読者のライフスタイルに合わせ、一番見られている時間帯に行います。BtoBなら平日の日中に、BtoCなら平日は夕方以降23時まで。予約投稿の機能を使って運用すれば、オペレーションが楽になります。自社の見込み客に合った時間帯を見つけるテストもできますので、積極的に活用したいところです。

タイミングを見極めたら、なるべく同じ曜日の同じ時間帯にアップし続けましょう。突発的な投稿よりも定期的な更新の方が印象に残りやすいので、読者に覚えてもらえます。

写真や動画は業種によって向き不向きがありますが、読者からの反響を得やすいため、ビジュアル訴求が可能な企業はこだわりをもって作り込みたいものです。

図7-7　写真を効果的に使ったコンテンツ

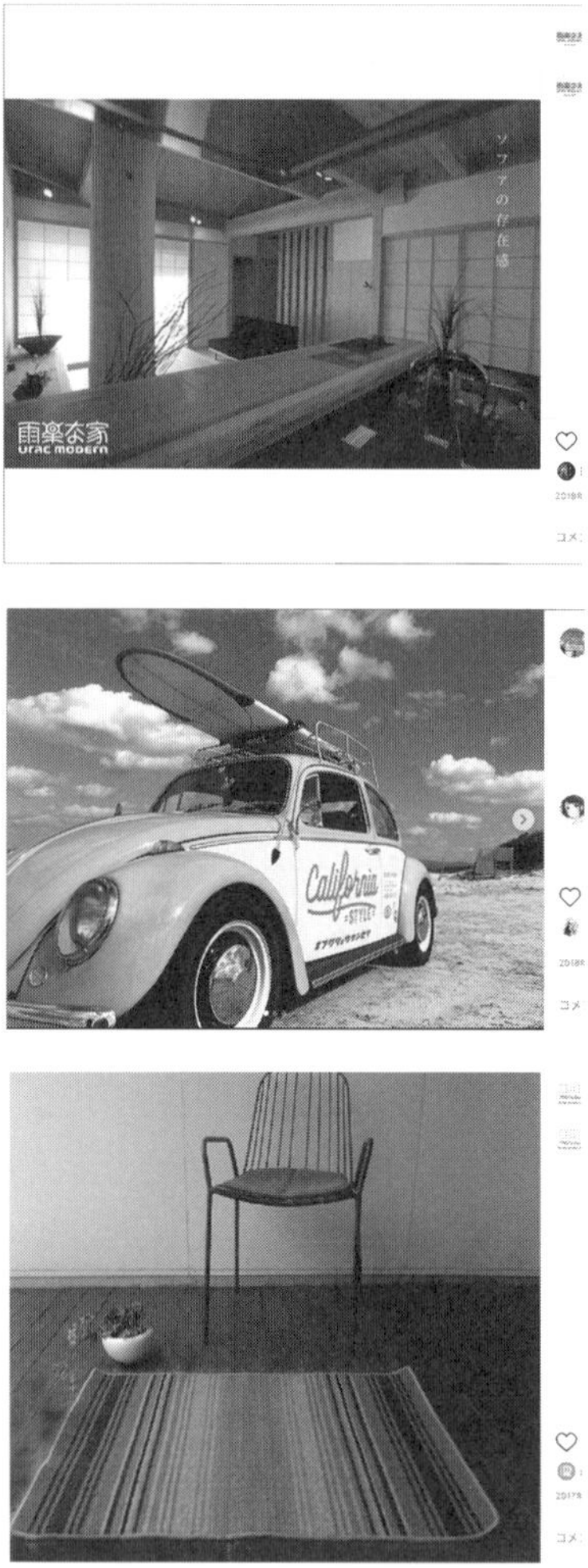

12 SNSの効果測定

コンテンツを投稿したら、必ず効果測定を行います。ここではFacebook（図7―8）とInstagram（図7―9）の効果測定について説明します。

コンテンツの反響は、Facebookページ、Instagramビジネスプロフィール（スマートフォンのみ）のインサイトで簡単に効果測定ができます。

まず以下の項目は、しっかりチェックしましょう。

・ページ全体のフォロワー数
・コンテンツのリーチ数
・「いいね」の数
・エンゲージメント

7

図7-8 Facebookの効果測定

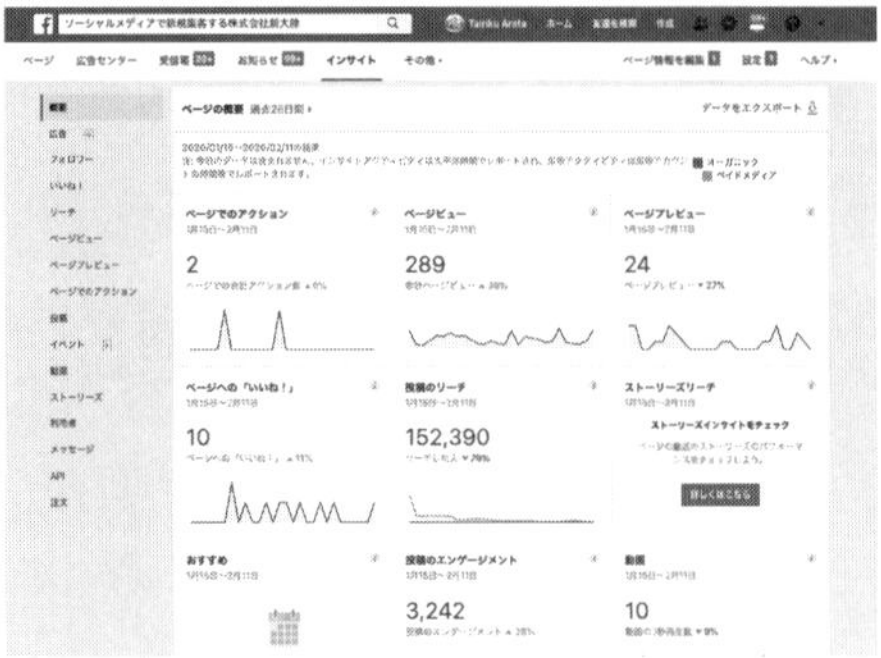

出典：「新大陸」のFacebookインサイトより

図7-9 Instagramの効果測定

出典：「新大陸」のFacebookインサイトより

1か月に一度は男女比や属性もチェックしておいた方がいいでしょう。ターゲット年齢層にアプローチできているか、商圏は最適か、狙い通りにコンテンツがヒットしているか……など業種によって大きく違うので、担当者が仮説検証をくり返しながら創意工夫を重ねていきたいところです。

地域ビジネスのＳＮＳで軌道に乗ったと判断する目安はリーチ数です。例えばFacebookなら、まず５００〜１０００リーチを目指してみるといいでしょう。少しうまくいっても気を抜けばリーチはどんどん落ちてしまうので、「いいね」数（エンゲージメント）を評価指標として、つねにコンテンツの改善を心がけます。

ちなみにエンゲージメントの目安は大企業のアカウントでは１〜２％が相場ですが、見込み客との距離が近いローカルビジネスは、少し高めの５〜10％程度のエンゲージメントを獲得しておきたいところです。

13 ブログの効果測定

流動的なソーシャルメディアに比べて、コンテンツが蓄積されてアクセスが増えるブログメディアは、ことさら効果測定が重要です。ブログがホームページに設置されている場合はGoogleアナリティクス、サーチコンソールを使って効果測定を行います。

Googleアナリティクス

必ず確認するのはセッション数、滞在時間、直帰率です。

セッション数（Webサイトへのユーザーの訪問回数）を見れば、見込み客のボリュームを包括的に把握できます。滞在時間が長く、直帰するユーザーが少なければ、質の高いコンテンツだと評価できます。

サーチコンソール・キーワードプランナー

流入キーワード――どんなキーワードで検索されているか――を知るためには、サーチコンソールを使って分析します。流入しているキーワードは顕在化しているニーズと言えます。流入数が多いキーワードが断定できたら、より深掘りしたコンテンツを量産してみるのも一つの手です。

キーワードプランナーを使えば、指定したキーワードの検索ボリュームが閲覧できます。サーチコンソールと合わせて利用しながら、キーワードを狙い定めてSEO対策にも役立てましょう。

一つのブログ記事が気に入ってもらえると、ユーザーは過去の投稿をふり返る行動に進み、セッション数が上がってきます。こうなると時間軸に関係なく購買意欲を上げることができます。

また、有用な記事が増えると検索エンジンからの評価も上がります。ブログは積み上がる分だけ力を増していくメディアなので、定期的に更新しながらこまめに効果測定を行い強化していきたいものです。

第7章のまとめ

①表面的な情報ではコンテンツを作ったことにならない。
②徹底的にお客様視点を貫くと、読まれるコンテンツになる。
③性能だけではダメ。独自の見解を示すオリジナリティが大事。
④良いコンテンツはストーリーになっている。
⑤事例紹介は質だけでなく、量も力になる。
⑥USPコンテンツ=自社を選ばせる力を持たせる。

⑦ スタッフ紹介は、他社との大きな差別化ポイント。
⑧ 専門家ならではのスタンスでノウハウを教える。
⑨ キャンペーンコンテンツは、価格訴求ではなく価値訴求で。
⑩ お問い合わせはコンテンツの宝庫。読み込んで生かす。
⑪ 1分の動画は180万文字のテキストに匹敵する。
⑫ 結果より改善が大切。継続的な取り組みで効果を上げる。
⑬ ブログへのアクセスは資産になる。

第8章

ソーシャルメディア運用の成功事例

企業事例 ❶

大手メーカーの下請けから行列ができる工務店へと成長

（ソーシャルメディア運用歴6年）

住宅会社 株式会社桑原建設

ブランドコンセプトを練り上げ「マルベリーハウス」とネーミング、「庭と共生する暮らし」というコンセプトを表現するホームページを作成した。オフラインのイベントも充実させ、体験型モデルハウスでのワークショップから住まいの相談に発展することも。

ご夫婦二人で営んでいる桑原建設は、元々大手メーカーの指定工事店として家づくりを行っていた住宅会社です。下請けとして年間20〜30棟ほどの住まいを手がけていましたが、元請けを増やしていきたいという考えをお持ちでした。ご自身でニュースレターの発行にも取り組んでいらっしゃいましたが、なかなか集客には結びつかず、ネットを活用するPRに転換することを決め、ソーシャルメディア運用を始めることになりました。

そもそも設計力にも技術力にも確かな力を持っているという自負もあり、「ご要望にお応えします」というスタンスで家づくりを行っていました。しかし、すべてをカタチにできるという打ち出し方では、他社との差別化は難しく、当然ながら客足は伸びません。そこで「新大陸」では住宅のブランドコンセプトを作るところから一緒に企画しました。

どうすれば選ばれる会社になれるか。話し合いを重ねる中で、「家」の商品・スペックではなく、「家」を通じて提供するライフスタイルが重要であることを感じていただき、どのような住まいならば桑原建設の考えるライフスタイルを提供できるのかという視点で、ブランドコンセプトを練り上げていきました。

「儲かるから」という理由でブランドを築くことはできません。「安く建てられます」

というのもブランドではありません。なかには費用感が特長のブランドもないわけではありませんが、桑原建設の家づくりには信念がありました。社長の思いや情熱を語っていただき、理念やビジョンを明確化していくことで、ブランドの核となるものをご自身で見つめていただくことに時間を使いました。

奥様は自然やオーガニックが好きで、聞けば休日は有機野菜や花植えのイベントも個人的に行っているというのです。社長自身も奥様の影響でフォレストガーデン（収穫できる庭）に興味をお持ちでした。打ち合わせを重ねるなかで、こういったライフスタイルを提供したいという、お二人の理想が形になって生みだされたのが「庭と共生する暮らし」をコンセプトにした「マルベリーハウス」というブランドです。春夏秋冬、季節ごとに表情の変わる家の姿をソーシャルメディアでアピールすることに決め、「庭」をテーマとした世界観の演出を念頭に置いてコンテンツを制作しました。

自分の思い、考えに改めて気づいた社長は打ち合わせを重ねるなかで「マルベリーハウス」のモデルハウス建設を決意。ソーシャルメディアと連動しながら企画や商品のスペック・価格を見直し、約2年かけて1つのモデルハウスを作りあげました。それからは土日は自社を解放してハーブや食育のインストラクターを招き、ワークショップを開催。リアルイベントでは住宅営業ではなく、ライフスタイルの魅力を共有して楽しめるファンとの接点づくりを行いました。

次第にそのイベントはFacebookやTwitterなどのSNSで拡散され、徐々にマルベリーハウスのファンが増え始めました。完成前から話題になっていた「マルベリーハウス」は、他社との差別化が明確になされていることから見学会への来場数も安定。そうして定期的な受注につながったのです。

現在はハウスメーカーの指定工事店の仕事もやり続けながら、元請けとして「マルベリーハウス」を提供していますが、こだわりをもって高品質の住まいを提供するため、年に5棟を手がけるのが精一杯です。最近では年をまたいで順番待ちのお客様が出てくるほど、「この家でなくては」というファンの方も増えてきました。

桑原建設が成果をあげることができた要因は、ひとえに「庭と共生するライフスタイル」を多くの人に提供したい、という思いがあったからです。ソーシャルメディア運用のテクニカルな部分はさておき、この情熱なくして成功はありえなかったでしょう。

「マルベリーハウス」の企画からモデルハウス建設、受注数安定に至るまでには数々の困難がありましたが、それを夫婦二人で乗り越えてきた桑原建設の思いが人々を巻き込んだのです。ソーシャルメディアマーケティングのモデルケースとも言える、素晴らしい成功事例です。

クライアントの声

株式会社桑原建設　代表取締役　桑原人彦さん

「新大陸」と出会う前にホームページやブログにも手を付けていましたが、なんとか作ったものの定期的な更新はできていませんでした。当然ホームページ経由のお問い合わせはほとんどなく、自分たちで発行していたニュースレターでなんとか見学会に集客できたとしても、**お客様のニーズと自分たちのこだわりがかみ合わず**、そのギャップに悩むことも多々ありました。

以前は自宅の1階を事務所兼商談スペースにしていて、そこを増築しようかというタイミングで「どうせ作るなら、家と暮らし体験をしてもらえるようなモデルハウスを作ったほうがいい」と鈴木さんがアドバイスしてくれました。土地を探すところから始めたので、だいぶ時間はかかりましたが、コンセプトに沿ったモデルハウスを建てることによって、**私たちの家づくりや提供したいライフスタルが一目瞭然になった**

のです。「マルベリーハウス」というブランドネームも鈴木さんの提案でしたね。

リース作りやオーガニックコスメ作りなどのイベントを開くと、同じ志向のお客様が集まってくれます。**参加者がSNSに投稿**してくれた写真がさらにファンを呼び、**月に5〜6件はお問い合わせ**をいただけるようになりました。このモデルハウスには、私たちの思いが詰まっています。「ここに来ると落ち着きます」「つい長居しちゃいます」と言っていただけると、本当に嬉しいですね。

マルベリーハウスの価値観に共感していただくためにも、家づくりについて伝えたいことはたくさんあります。それらをコンテンツにして伝える技術も必要です。ホームページを読み物として成り立つようしたいと「新大陸」のスタッフに相談すると、取材も原稿作りも**お客様の視点で、しかも深い内容**になるように取り組んでくれます。Webマーケティングについても最新情報を教えてくれるのでありがたいですね。自分自身もお客様により良い提案ができるよう、勉強も情報収集も積極的に行っています。

8

企業事例 ②

広告をチラシからWebへシフトし、毎月数百人を集客

（ソーシャルメディア運用歴4年）

インテリアショップ　株式会社マルス リビング プロダクツ

家具への思い入れ、コーディネートのこだわり、インテリアのトレンドなどお客様に伝えたいことは尽きず、コンテンツには事欠かない。販売商品を紹介するコンテンツは社員教育にも役立っている。

従来の家具業界ではチラシを作っては商圏に撒き、ＤＭやフリーペーパーなどといったオフラインのマーケティングが主軸となっていました。

しかし、時代の変化によって紙媒体の反響は著しく低下しました。加えて、インターネットでは楽天やamazonなど利便性の高いショッピングモールが急成長。資本力のある大手さえも売り上げ低迷に悩む中、マルスリビングプロダクツも例外ではなく、新たな一手が求められていました。

オンラインに活路を見出そうとすればショッピングモールとバッティングして、価格競争に巻き込まれることは必至です。オフラインを強化したくても大手に情報量ではかないません。一見、打つ手なしという状況ではありましたが、時代の変化に対応して自らを変えていく勇気と底力がマルスリビングプロダクツにはありました。「新大陸」は、インターネットショッピングモールや大手家具店では実現できない、小回りの利いたソーシャルメディアマーケティングを提案し、マーケティングのパートナーとして参画しました。

インテリアショップのマーケティングは、物だけでは大きな差別化が図れません。紙面に制限のあるチラシ広告には商品写真と価格を掲載するだけでしたが、ソーシャルメディアならばどんな長文も無料で載せることができます。それこそがソーシャルメディアの真価と言ってもよいでしょう。

打ち合わせの中で、同社の鈴木社長やスタッフの口からは、商品の一つひとつや部屋のコーディネイト、インテリアのトレンドについても、お客様に伝えたいことがあふれてくるかのようでした。そこでソーシャルメディア映えさせるために加えた要素が、「スタッフ全員がインテリア好き」という熱意。普段の接客では語り尽くせないことをコンテンツに展開するという企画です。言葉で言うだけなら簡単なことですが、現場を巻き込んでオペレーションに落とし込むのは容易なことではありません。なぜなら、いかにインテリア好きのスタッフとはいえ、接客とコンテンツ作りはまったく異なる分野の能力が必要とされるからです。

そこで「新大陸」では深く取材のできるチームを組んで、現場からコンテンツの素材を収集。スタッフの人となりや熱意、提案するインテリアの質の高さが伝わるようなコンテンツ制作に尽力しました。

そうして練り上げたコンテンツは、写真映えするインテリアとソーシャルメディアとの相性が見事にマッチして、みるみる成果をあげていきました。ソーシャルメディアの運用が軌道に乗って1年もすると、チラシ広告をほぼゼロにしてWeb媒体へとシフト。結果的に毎月数百人単位のお客様が店舗を訪れる人気店へと成長しました。

マルスリビングプロダクツの素晴らしいところは、ソーシャルメディアを社員教育にも活用した点です。スタッフインタビューや商品の取材を通じて、会社の理念やビジョン、コンセプトをスタッフ全員で共有。今ではスキルや知識を養う教育ツールとしても社内に浸透しています。

月8本、年間で96本も掲載される良質なコンテンツは、マルスリビングプロダクツが「新大陸」と一緒に創り上げてきた財産であり、それらは今なお蓄積され、多くの人の目に触れ続けています。継続することで会社の魅力はさらに多面的になり、ファンがファンを呼ぶのです。

ここまで来るのは決して平坦な道ではなかったと思いますが、私たちの提案を快く受け入れ、お客様に喜んでもらうために何ができるかということを徹底して突きつめ、変革をくり返していったマルスリビングプロダクツの粘り勝ちといえるのかもしれません。

クライアントの声

株式会社 マルス リビング プロダクツ　代表取締役　鈴木卓也さん

地元では馴染みの方も多いマルス家具から独立した時、コストがかさむばかりで効果が測れないチラシに予算を割くのはやめようと思いました。ネットの時代になったのは感じていたので、「新大陸」のサポートを受ける以前からブログを毎日書くようにしていて、その効果も実感していました。

鈴木さんと知り合ってソーシャルメディア運用の話を聞き、自分が欲しかったサービスだと感じたのを覚えています。Facebookでの情報発信にトライしたかったのですが、本来の業務に加えてブログもあるので、そこにプラスするのは負担が大きすぎると二の足を踏んでいたのです。仮にFacebookを始めたとしても、作っただけでページが更新できないのは見苦しいことだと思っていましたからね。それにホームページのSEOにも強くなりたかったので、「新大陸」のサービスを活用することにしました。スタート時点から**ソーシャルメディア運用に対する期待は大きかった**と思います。

「家具のセレクトショップ」という自分で決めたビジネスモデルは、商品を通して自分たちの考え方に共感してほしいという思いが根底にあります。**こだわりを持ってインテリアを提案**するマルスリビングプロダクツのファンになってもらいたい、という願いを「新大陸」スタッフは汲み取ってくれました。投稿するコンテンツに、理念やビジネスへの取り組み、家具に対する思いも反映したマルスらしいマーケティングを考えてもらえたことが、成果につながったのだと思います。

企業ページの**「いいね」は信頼のバロメータ**だと思っているので、「いいね」を獲りに行く戦略を教えてもらったり、Instagramやさまざまなメディアの効果的な使い方をアドバイスしてもらったり、Webマーケティングの新しい情報ももらえるので勉強になります。Instagramにはもっと力を入れていきたいし、顧客に送っているDMをいずれLINE@に変えていきたい。Webショップも充実させようと思っています。月1回の打ち合わせで、これからやっていくことを整理できて助かっています。

企業事例 ③

Instagramに特化した戦略で、集客数が飛躍的に上昇

（ソーシャルメディア運用歴1年8か月）

住宅会社 株式会社福遼建設

「カリフォルニア住宅」という新商品の導入時からサービスイン。Instagramからホームページへお問合せを誘導するという、SNS集客の見本ともいうべき動線を生んだ。カリフォルニア住宅は事例の写真を眺めるだけでも楽しい。

福岡市東区を中心に年間約30棟の家づくりを手がける福遼建設。「主婦と創る家」をコンセプトに、商品開発にも積極的に取り組んできた福岡の住宅建設会社です。チャレンジ精神旺盛な社長が目を付けたのは「カリフォルニア住宅」というアメリカ西海岸のサーファーズハウス。当時立ち上げたばかりの自社ブランド「カリフォルニアスタイル」は、海を感じる空間にサーフテイストのインテリアが映えるデザイン性の高い住宅でした。

市場調査でカリフォルニア住宅のニーズの在り処を探ってみると、九州地区では競合なし。個性的な家であることは大きな強みですが、一方で好き嫌いは分かれるためニーズの母数は多くない。こういったケースでは、情報発信の仕方を緻密に企画することが重要です。ビジュアルにこだわりのある若い客層をターゲットに据え、Instagramに特化したコミュニケーションでいこうと決めました。スタートラインは立ち上げたばかりで認知度ゼロの状態。未知数ながらも取り組み甲斐のある仕事だと感じたものです。

とにかくモデルハウスに来ていただきたい。Instagramでつかまえたユーザーに「実際の家が見たい」と思っていただかなくてはなりません。そこでInstagramの受け皿となるランディングページを作成。行動喚起につながるようＷｅｂページのディレクションを細かく行う一方で、実際にモデルハウスに足を運んでもらうための仕組み作りも進めました。

住宅会社のイベントといえば、直接営業活動につながる完成見学会が定番ですが、この時点では認知アップ・好感醸成に絞り込むことが重要だと考え、モデルハウスでのランチ会や女子会、愛犬との写真撮影会などの定期イベントを実施。住宅の販売に直接関係のないイベントを月に2回のペースで行っていくのは、一見費用の無駄使いのように見えるかもしれませんが、そこにSNSの力を加えることがこの企画の主たる目的でした。

イベント来場者に、ランチ会の写真やペットと一緒に撮った写真をInstagramに投稿していただくようご依頼。カリフォルニアスタイルの明るい色彩感とお洒落なインテリアは、抜群の写真素材、〝インスタ映え〟する恰好のネタとなります。指定したハッシュタグを付けて投稿してくれた方にインセンティブを与えるなどの工夫も加えたことで、フォロワーは急増しました。

女子会、マルシェ、ペット雑誌とのタイアップ……そういったイベント企画は、ターゲットのライフスタイルや行動、心理など、お客様がこの家をどう楽しむだろうかと深く掘り下げていったスタッフのディスカッションから生まれたものです。進取の気風にあふれる社長が福遼チームを引っ張って、想定以上の成果を導くことに成功しました。2019年のゴールデンウィークのイベントでは、10日間で120組の来場者があり、そのうち40組がInstagramのフォロワー、ホームページをあわせるとほとんどがWebからのお客様でした。

SNS運用の施策は、通常1～2年かけて成果をあげていく地道で根気のいる取り組みがほとんどですが、福遼建設は2か月目あたりから成果が見え始めたレアなケースです。Instagramのフォロワーは3か月で300人以上、モデルハウス来場者400組、1か月で5件成約に至るという驚異的なスピード感で大きな成果を成し遂げました。

Instagramというメディアの特性をよく理解し、認知のための初期投資を惜しまず、SNS広告にも費用をかけた社長のビジネス感覚は見事といわざるを得ません。早いうちに成果が出たため、すぐに良好な信頼関係を築くことができました。

SNSでファンになってくれたお客様は商談スピードが早く、Instagramの運用でカリフォルニアスタイル以外の注文住宅も好調です。さまざまな効果を実感され、福遼建設のWebマーケティングはさらに進化していくことと思います。

クライアントの声

株式会社福遼建設

代表取締役　**福留真治さん**

「新大陸」と出会ったのは、ちょうど「カリフォルニアスタイル」を作った頃です。**紙媒体の効果は薄れる一方**というのは実感していましたし、建築雑誌などの情報を見ても、ネットで集客する時代だとはわかっていました。とりあえず自分でInstagramを始めてみたものの、その後どうしたらいいか先は見えませんでした。

実は、ネット関連の顧問を派遣してくれるサービスにもトライしたんですよ。月に2回くらい会社に来て勉強会みたいなのをやるんですが、座って話を聞くだけ。実践が伴わないから成果は出ない。これではらちが明かないと思って3か月でやめてしまいました。

それで、流通の方に紹介してもらって鈴木さんと会ったんです。「新大陸」のマーケティングの考え方をじっくり聞いて、霧がさーっと晴れるように「あぁ、やっぱり！」と思ったのを覚えています。自分の漠然とした不安だとか、課題があるのに先が見えない感じとか、それを払しょくできそうなやり方があるんだと知って、「コレだ！」

と確信したという感じです。

ただ、そもそもSNSに特化した業者があることもまったく知らなかったので、正直に言うと成功するかどうかは半信半疑といった気持ちでしたね。それでも取り組まざるを得ないことはわかっていたので、お試しのつもりでスタートすることにしたのです。

成果については、「素晴らしい！」の一言です。導入後2か月くらいから成果が出始めましたし、**約2年続けてみて継続することがいかに大切か**ということも理解できました。福岡のモデルルームに「インスタ見ました」と大阪から来てくださった方もいて、これには本当に驚きましたね。

本気で取り組むとなると、誰か一人では負担が大きすぎるので、4人でチームを組みました。「新大陸」との月1回の打ち合わせは、社長の自分を含めて5人で参加していますが、毎月少しずつじわじわ**成果があがるのが見えるので、社員のモチベーションも上がり**ます。皆のやる気が本当に嬉しいですね。

今は独自でスタッフブログとか、LINEもやっています。もっと内容を改善して、より多くの人に注目してもらえるように取り組んでいきたいから、皆、打ち合わせも真剣ですよ。

企業事例 ④

眠っていたUSPをコンテンツ化し、Web経由のお問合せが増大

（ソーシャルメディア運用歴1年10か月）

製材会社 三浦製材株式会社

木材の取り扱いが主業の企業。木材に対する豊富な知識や職人の思い入れを形にする独自のコンテンツを提案し、企業の魅力が存分に発信できるようになった。Web経由のお問い合わせも順調に増加。

三浦製材はその名の通り、木材の取り扱いを主業とする創業68年の老舗材木商です。＋e wood（プラス・イー・ウッド）というブランド名を掲げ、2005年に住宅部門を設立。木材を商う傍らでこだわりの注文住宅を手がけ「木材と住宅の総合会社」への道を歩み始めた京都府亀岡市の会社です。

出会いは、京都で開催した「新大陸」のセミナーです。三浦社長が懇意にしている何社かの工務店が「新大陸」のサポートを受けてSNSでの集客に成功していることを知り、「新大陸」のWebマーケティングに興味を持っていただきました。

「新大陸」とおつきあいいただく前から、Facebookアカウントは開設されていて、更新は社内スタッフで行っていました。地元業者が作成したというホームページもお持ちでした。地域ビジネスの小さな会社にはありがちなことですが、**「とにかく自分たちの力でやらなければ」という姿勢**だったのだと思います。

地元に広い人脈をお持ちの三浦社長は、Facebookに「いいね」の数を集めることはできていましたが、その「いいね」がなかなか集客に結びつかず、首をひねっている状態でした。分析のために過去投稿を拝見すると、コンテンツ内容はコンセプトが不明確、したがってどこに向かっているのかゴールが見えなかったのです。三浦社長自身も「Facebookに何を出したらよいのかわからなくて……」とおっしゃり、そこに課題があることは感じているようでした。

そこで私たちがはじめにお伝えしたのは、「ユーザー目線で情報の価値を考える」ということです。製材所という生業からして、三浦社長は良くも悪くも「職人気質」の人でした。木についての深い知識も、こだわりの木材を使ってモノを作る姿勢も、職人にとってはごく当たり前のこと。ユーザーが魅力に感じる素材をたくさん持っているのに、積極的にPRしていなかったのです。しかし、この「職人の当たり前」が三浦製材の住宅の強みになるのだと提案させていただきました。

家を建てたいと考える見込み客のほとんどは、木材に対する知識は持っていません。「地元・京都産の木材を使う」ことの理由も、「木が呼吸して暮らしやすい空間を作ってくれる」という木の底力も、これから家を持つ方にとっては価値ある情報になります。黙々とそして連綿と受け継がれてきた材木職人のこだわりを、ぜひコンテンツ化しましょうという提案に、三浦社長は「それが情報になるのか」と驚かれたようでしたが、提案を受け入れていただき、独自のコンテンツ制作が始まりました。

「こころゆたか・くらしゆたか」というビジョンが決まると、三浦製材様のSNS運用に勢いが生まれました。京都の森、無添加住宅、本物の漆喰、パッシブデザイン、木の目利き……これまで引き出しの奥に眠っていたネタがユーザーの目にとまるように披露されると、じわじわとファンが増えていきました。半年に1件程度だったホームページへのお問い合わせが、月6件に伸び、お問い合わせから成約にいたる受注率もアップし、効率の良い営業が展開できています。

三浦製材は製材所の敷地内に、木製品を販売するショップと木の香りに満ちたショールームも併設しています。京都からも大阪からも1時間というアクセスは決して便利とは言えませんが、ホームページを深く読み込んでコアなファンが訪れるようになってきました。ショールームの活用についてもアドバイスさせていただき、ショールームでの気ままなおしゃべりから住宅の相談に発展し、ご成約に結びついたお客様もいらっしゃいます。

そもそも三浦社長は、新しいものにトライすることを楽しめるポジティブな精神の持ち主です。運用を始めたSNSで効果が出始めると、職人のこだわりが情報になると確信し、自分たちの強みをどうやって伝えていこうかと、独自に創意工夫を凝らすよう自ら舵を切っています。「新大陸」のディレクションのもと自力でホームページの改訂に挑んだり、毎月の訪問コンサルティングの際に出たYouTubeの運用にも挑戦し、自らを「無垢（ムク）のおっちゃん」と称して「木の情報」を発信していくと張り切っています。

情報を「伝える」技術は、ソーシャルメディアをしっかり学んで理解しなければ正しく身につけることはできません。そして、それを「実行に移す」ことのできる人は、ほんのひと握りです。新しいマーケティングの突破口を自ら開いてアクションした三浦製材のチャレンジに、心から称賛の拍手を送りたいと思います。

クライアントの声

三浦製材株式会社　住宅事業部　中川高士さん

社長から「Ｗｅｂサービスの面白い会社があるから会ってみて」と言われ、鈴木さんの訪問を受けたのがおつきあいの始まりでした。広告代理店に在籍していた経験から、三浦製材の自社サイトの運営やFacebookの投稿などＷｅｂ業務を担当していますが、ありがたく感じるのは「新大陸」の人たちが聞き手に徹してくれるということ。以前からＷｅｂのコンサルタントやＷｅｂ制作会社の方と会う機会も多く、なかには提案内容を押し付けてくる会社や自己主張の強い制作者もいて「業界臭さ」にアレルギーを感じていたものですが、「新大陸」のディレクターはまったく違いました。何気なくしゃべっているようでいて、言葉の端々からユーザーを引きつけるキーワードをすっと拾ってくれて、深いところまで話を掘り下げてくれる。**情報の上辺だけでなく、その底にある会社の思いや理念**を汲み取ろうしてくれる姿勢が良いんです。

自分自身、自社の制作内容に自負するところもあったのですが、「新大陸」と一緒にコンテンツを作るようになって、会社が書きたいことを並べていただけで、ユーザーにとって有益な情報でなかったということに気づき、ちょっとショックを受けました。同じイベント情報を伝えるにしても、日時・場所などの項目を並べるだけでなく、**ユーザーにとってどんなメリットがあってどう楽しめるかという視点**が欠けていた。とても勉強になったと思っています。

自分たちが伝えたいと思っていることがあっても「伝える技術」がなければ、価値ある情報にはなりません。「新大陸」はその伝え方を教えてくれると同時に、自分たちが当たり前に行っている一つひとつの業務も「三浦製材さんらしい素晴らしいコンテンツになります」と拾い上げて、言語化してくれるのです。

例えば、こんなことがありました。私たちは木材屋ですから、木を使って何かをするのは日常的によくある光景。ある時、木材のカケラを使って商品ロゴを作ってみたのです。これまでであれば会社内で「こんなの作ったよ」「へぇ〜」でおしまいです。

ところが、これは面白いと作る過程をていねいに撮影して、一つのコンテンツにしてくれたのです。その時のユーザーの反響が良くてビックリしましたし、自分たちでは発想できないコンテンツだと取材力にも感服しました。客観的な視点で、いろいろな角度から自分たちの強みを引き出してアピールしてくれる。この「伝える技術」が、「新大陸」を信頼できる一番大きなポイントですね。もう100％の信頼を寄せています。

こうやって一つひとつ良いコンテンツを積み重ねて成果も少しずつ見えてきたし、今後やってみたいことも自分たちの中から湧いてきました。その一つが、来期までに目標の売上を達成してホームページをお任せしたいということ。今までは自力でやってきましたが、「新大陸」の手にかかったら自社のホームページがどう変わるのか楽しみです。もう一つはショールームの有効活用。今後はInstagramの勉強をさせてもらって、ショールームの魅力を積極的に発信していきます。「新大陸」には、今後もうちの販売促進のあり方を一緒に考えるマーケティング全般のパートナーとしてつきあってほしいと思っています。

企業事例 ⑤

地域の活性化まで視野に入れ、Webの世界を躍進中

（ソーシャルメディア運用歴２年10か月）

リフォーム会社　駒商株式会社

“正直な商売”を宣言して、ホームページと口コミサイトをリンク。自社だけでなく地域の活性や建築業界の底上げなど大きなテーマに取り組む姿勢が好評。ゆるキャラの「コマガッテン」も要所要所で活躍している。

駒商との出会いは、「新大陸」の大阪セミナーにご参加いただいた住宅機器メーカーからのご紹介です。兵庫県宝塚市を地盤に住宅のリフォーム・リノベーションを手がける会社で、「新大陸」は、住宅建築業界の中でもこれから家を建てる方々の集客を主にサポートしてきたため、リフォーム会社とのおつきあいは前例がありませんでした。レアケースではありますが、新たな集客方法を模索されているというご事情を知り、提案にうかがいました。

リフォーム会社は50~60歳代がメインのお客様です。そういった事情もあって、駒商もチラシによる集客に頼っていましたが、年々問い合わせ数が減少し、集客コストが上がる一方というお悩みをお持ちでした。Web対策はと言うと、5年前に作成したホームページはあるものの頻繁に更新する余裕はなく、スマホ対策もなされていない状態でした。本業が忙しく、SNSにも手が付けられないまま「何かしなくては」と焦っておられたのかもしれません。

時代がWeb活用ありきのビジネスに移りつつあると危機感を感じていた駒走社長は、Webの可能性をご説明している最中に「やるわ！」と決断なさいました。訪問前からすでにFacebookなどで「新大陸」のことをご存知だったため、「新大陸」の集客ノウハウに期待していてくださったのだと思います。

まずはSNSの綿密な運用計画をご提案しました。駒商はそれまで自社でブログを発信していたため、幸いコンテンツ資産はたまっていました。それらをどう切り取って、タイムリーな発信にしていくかを年間戦略に練り上げて運用をスタート。

また、リフォーム業の客層を考えると、チラシを完全に切り捨てることは得策ではないと考え、配布エリアを地元・宝塚市だけに絞って頻度も抑え、近隣の市へのアピールはチラシの代わりにSNS広告でカバーすることをご提案。こうして全体予算は変えずに、予算配分をWebへシフトしました。

成果はじわじわと表れました。運用開始から半年では「Facebook見ているよ」というお声をいただく程度でしたが、月に1~3件だったホームページへのお問い合わせが、1年半を過ぎる頃には8~10件に増え、多い月には15件ものお問い合わせをいただけるまでになりました。成果を積み重ねる中でホームページのリニューアル提案も受け入れていただき、コンテンツのブラッシュアップから導線の整備まで、集客目標に少しでも近づけるようノウハウを注ぎました。

駒走社長は、信念の人です。リフォーム業界はとかく見積もりが不明瞭というマイナスイメージがあり、そのネガティブ要素をクリアにしたい、正直な商売がしたい、とつねに考えていらっしゃいました。「正直な商売」をホームページで宣言し、リフォーム評価ナビという口コミサイトに登録して顧客の採点評価を公開することもすでに始めていらっしゃいました。この姿勢が駒商の強みになると考え、ホームページと口コミサイトをリンクさせたことが問合せ増加につながる成功ポイントとなったのです。

　また、駒走社長は発想ゆたかなアイデアマンでもあります。社長が発案し、皆で磨いて作り上げた〝ゆるキャラ〟コマガッテンは、ホームページの案内役として、またスタッフブログの投稿者として自社PRに大活躍。地域の方々に愛されるようにとグッズ化も視野に入れているというから驚かされます。

　また、YouTubeへ2日に1本ペースを目標に動画投稿もスタート。リフォームの基礎知識、施工例や職人さんの紹介などさ

ホームページと口コミサイトをリンク、左上に見えるのは「コマガッテン」

まざまなコンテンツをくり出して着々とフォロワーを伸ばしています。自社の利益に終始するのではなく、「リフォームの知識を皆に教えてあげたい」「腕のある職人さんにスポットライトをあてて業界を活性化したい」という大きな心から生まれるコンテンツだからこそ、ファンがついて駒商を支えてくれるようになります。こういう事例に携わることでソーシャルメディアの力とブランディングの効果を私たちも改めて教えられました。

月1回のご訪問は、ボケとツッコミの応酬がつづく雑談からコンテンツのネタ、業界改革の話まで飛び出し、ビジネスアイディアが次々と生まれる笑いの絶えない打ち合わせになります。さらに地域に愛され、もっと成長していってほしいと心から願い、私たち新大陸もできる限りのアドバイスをさせていただいています。駒商の前向きなチャレンジに大いなる刺激を受け、「新大陸」も成長の機会を与えられていると感じるありがたい事例です。

クライアントの声

駒商株式会社　代表取締役　駒走宜久さん

「新大陸」を知ったのは**「何か新しいことをしなくては」と思っていた時期**でしたね。チラシの反響が悪くなってきていて、設備のメーカーさんと話をしていた時に「SNSで集客している会社があるよ」と教えてもらって、これは話を聞いてみたい！　とお願いしたのを覚えています。

駒商は以前施工させてもらったお客様や地元の知り合いからの紹介が多いので、集客に困っていたというほどではないのですが、**時代感覚として「もうネットの時代になっている」**というのはわかっていました。ブログに手を付けたものの、本業をやりながら更新していくのは大変だなと感じていたのもきっかけの一つです。その頃はコンサル会社とも契約していて、マーケティングの知識は持っていましたが、現実としては現場仕事もあるし、会社に戻れば経営面の仕事もあるので、Ｗｅｂ対策まではとても手が回っていなかったですね。

自分ではできないことだし、知らないことだからといって食わず嫌いでいるのは間違っているし、**やらなくては何も始まらない**ので、提案に来てもらったその場でサービス導入を決断しました。**ダメだったらやめればいい**、正直に言えばそういう気持ちもあったと思います。だから、チラシにかけていた予算の大半をSNS広告にシフトするという提案も、抵抗は感じませんでした。始めてみれば、**着実にホームページやSNSからの問い合わせが増え**、「新大陸」のサービスを利用してよかったと思っています。変わりやすいWebの情勢やトレンドに応じて適切なアドバイスをもらえるのも心強く、心置きなく**本業に専念できる**ので助かっています。

毎月の打ち合わせには担当のディレクターとライターがついてくれて、何気ない会話の中から情報を得て素晴らしい記事に仕上げてくれます。タイムリーなトピックを盛り込んだブログは活気があり、**ホームページを介してきちんと駒商のイメージアップが図れている**と思います。導入したての頃はスタッフの皆も「また社長が何か始めたな」という程度の反応でしたが、SNS運用を続けて効果が上がるにつれ、興味を持って積極的に参加するようになってくれました。

Webという新しい世界で駒商のファンづくりをするために、いろいろトライしています。兄の協力を仰いでYouTubeの配信も始めましたが、2日に1本ペースでアップするのは思った以上に大変です。でも、この動画コンテンツを成功させて、「新大陸」に恩返しできるようにとがんばっています。前々から**オンラインサロンがやりたかった**ので、YouTubeのチャンネル登録者が1万人を超えたら実現させようと思います。皆で知恵を寄せ合って商店街の活性化に取り組むなど、駒商が地域のためにできることを考えたいですね。もう一つの夢は、駒商キャラクターの**コマガッテンを主役にして絵本を作る**こと。建築という仕事の魅力を子どもたちに伝えて、建築の仕事をしてみたいという子が増えてくれたら、と思っているんです。

これからも「新大陸」に力を貸してもらって、新しいことにトライしていくつもりです。

企業事例 ⑥

ブランドマーケティングで求人応募が100倍に増加

マーケティング会社　株式会社新大陸

「人」が資本のコンサルティング業ゆえ、採用を意識したブランドサイトを開設。理念を明確に宣言し、スタッフ一人ひとりが主役になれることをアピール。求人応募は100倍に増加した。

最後は、私たち「新大陸」の事例を紹介します。私たちのような情報サービス業は「人」が資本。お客様に対して良いサービスを提供するためには、スタッフの採用がとても大切です。「マーケティングで世界をポジティブに」という理念に共感でき、自己成長を望む志の高いスタッフが欠かせないと考えています。しかしながら、数年前までは採用にかなりの苦戦を強いられていました。

理由は明白。私たちの理念や思い、目指すところが、うまく求職者に伝わっていなかったからです。そこで社内で緻密な採用計画を立て、**自社ブランドを打ち出すマーケティング戦略**を策定。ブランドブックの作成、採用を意識したブランドサイトの新設。さらにはスタッフに「ここで働きたい」と思ってもらえるよう新社屋を建設しました。

「この会社で働く自分が好き」という環境を整えれば、それがスタッフのモチベーションにつながり、それはやがて能力となってお客様に還元されます。そのような背景を見据えて行ったのがブランドマーケティングです。

ブランドブックやWebサイトには、私たちの思いをアニメーションやテキストにして掲載しました。代表やスタッフのインタビューなど働く人の様子が垣間見えるつくりに仕上げ、理念を掲げた理由や、成し遂げたいことを明確に打ち出し、メッセー

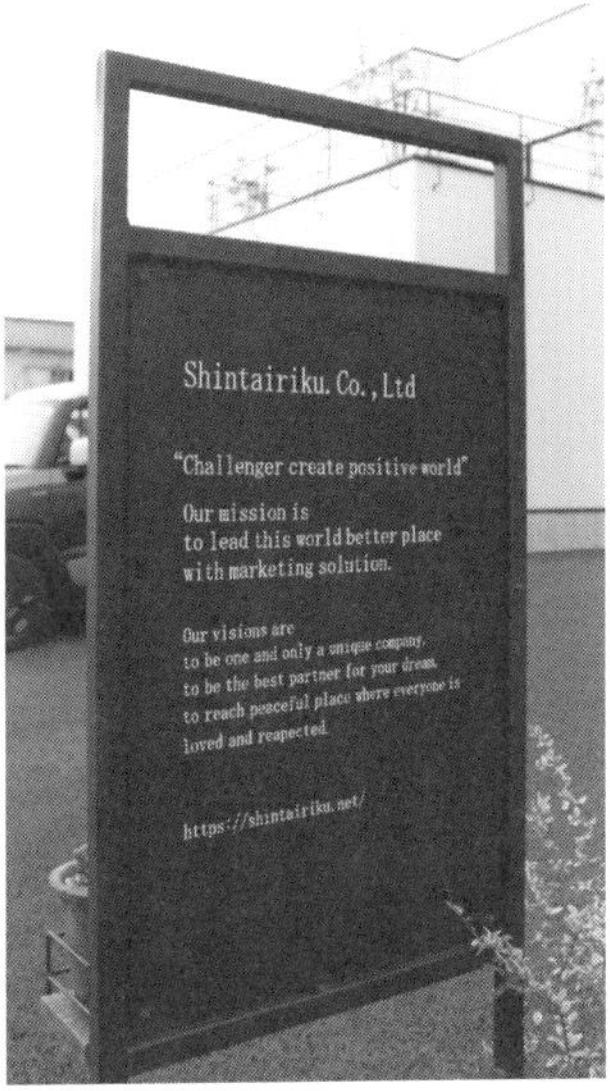

私たちの思いを外看板にも

ジ化しています。

また社屋デザインは理念を反映するビジュアルを目指しました。広々としたオフィスに自然を取り入れ、造作家具のデスクを設置。フリーアドレス制となっており、気分転換が必要であれば近所の公園で仕事をしても良いというルールも設けています。

会社の魅力を伝えるためにやるべきことはまだまだありますが、企業の理念や思いなど目に見えないものを体現し、その世界観を伝えていくことがマーケティングであり、Ｗｅｂはそのための手段であると私は考えています。結果的には月５件程度だった求人の問い合わせは現在５００件にまで増加。おかげさまで良い人材を多く採用できています。

第9章

会社をブランド化する

1 あなたの会社の理念やビジョンは明確ですか？

ここまで消費行動の変化やマーケティングの概論、取り組むべき指標について説明してきましたが、今一度確認してほしいことがあります。それはあなたの会社の理念やビジョンについてです。

「本質」を求める時代となった今、現代のマーケティングに欠かせないもの。それは小手先のテクニックではなく、理念やビジョンです。**良質な理念やビジョンなくしてマーケティングの成功はありません。**お飾りの理念や見せかけのビジョンでは、中途半端なコンテンツしか生まれず、それを消費者にすぐ見抜かれます。

世の中に存在する「良いもの」には、多くの情熱が傾けられています。お金の問題はさておき、「これがやりたい」「これを作りたい」という**情熱を帯びた商品に、人は魅力を感じる**のです。近年では、働き方についても「好きなことを仕事に」という風潮がありますが、会社経営においてもその心が大切です。

良い商品には情熱が宿る。それを生み出しているのが理念であり、ビジョンです。その核があって初めてマーケティングや戦略が語られるべきです。ありふれた理念やビジョンであれば、どんなに緻密なマーケティングを仕掛けたところで繁栄することはありません。理念に共感するものがあるからこそ、お客様があなたの商品を知りたいと思ってくれるのです。

理念やビジョンを明確に。新大陸では本社の壁に理念を刷り込んだ

2 熱意こそ売上の源泉

「新大陸」が提供しているソーシャルメディア運用サービスは、企業の理念やビジョンといった**〝情熱〟をコンテンツに込めて伝えることです。**単に文章や画像を作ってＷｅｂに載せて売上を上げるという作業を提供しているわけではありません。

儲けるためだけでなく、**世の中にどんな価値を提供できるのかという考え方で取り**

組んでこそ、マーケティングは価値を帯びます。だからこそ、ソーシャルメディアマーケティングを始める上で、経営者には今一度「自分は何のためにこの仕事をするのか」ということを考えていただきたいと思います。

本当に今の仕事に情熱を持っているのかを再度確認してください。その確証がなければ、いくら予算と時間をかけたところでそれらは無駄になってしまう可能性が高いでしょう。

経営者の持つ情熱はマーケティング→コンテンツ→商品と乗り移り、顧客に届いてファンが生まれます。もととなる情熱がないことには、はじまらないのです。

3 ブランディングは見栄えではない

100点満点の理念やビジョンがあれば、積極的に情報提供をしなくても無条件で商品が売れていきます。例えば、アップル社やナイキ社は過度なPRをしません。彼らがやることはただ一つ。考え方や哲学を伝え続けることです。

本当のブランディングとは、自社を良く見せるのではなく、信念を伝えることなの

です。経営者・社員・顧客が理念やビジョンを理解していれば80点。社内の人間は理解しているけれど、顧客に伝わっていないのは60点。経営者は理念・ビジョンを持っているが社員に伝わっていないのが40点。情熱はあれども明確化されていない理念やビジョンは20点。掲げるだけのものは10点です。

理念やビジョンの浸透は、経営の上でもっとも難しい課題の一つであり、アップル社やナイキ社のような会社は極めて稀です。またそれらは一朝一夕でかなえられるものではありません。

もしあなたの会社の理念やビジョンが確固たるものでないのなら、まずは経営者自身がどうありたいかを考えることが大切です。それから社員や協力業者を少しずつ巻き込み、顧客へと伝えていきます。

4 ブランドのない会社

「新大陸」がソーシャルメディア運用サービスを提案する際には、必ず経営者と理念についてお話しします。まず、経営者の持つ情熱を広めて最終的に会社をブランド化

9

していこうというゴールを描くのです。

それらしい理念を掲げていても、**情熱のない会社が作る商品はいたって凡庸**で魅力に欠けます。買う理由が見当たらないものも少なくありません。

そんなとき私は「これでは売れませんよ」と単刀直入に切り出します。そこから最終的なゴールをどうしたいのかという本質的な話を経営者と膝を突き合わせて議論し、ときには理念やビジョンの策定を手伝うことから始める場合もあります。

「新大陸」はマーケティングというアプローチで企業を支援していますが、価値の低い商品を売ることはできません。少なくとも、その会社がファンのコミュニティのように熱く熱を帯びている状態になければ、マーケティングの話を始めることができません。

専門家のテクニックを使えば顧客に情熱を届けることはできますが、自社の理念やビジョンを社員と共有するのは経営者の仕事です。**社員は会社のプライマリーインフルエンサー**。そこを飛ばしてお客さんに売ってほしいという経営者の要望には、お応えできかねるというのが偽らざる心境です。

5 商品と御用聞きの違い

理念やビジョンについで大切なのが商品です。正直に言うと「これが〝売り〟です」と謳っていても商品力のない商品は意外と多いのです。「お客様の希望があれば何でもやります」というのは商品ではなく御用聞きです。

そもそも**商品とはターゲット・スペック・価格がワンセットになっているものを指します**。しかし、それらが形になっていない商品を商品と呼んでいる企業も少なくありません。「がんばります」「一生懸命やります」と言うのは当たり前。**「ご要望に合わせて提案します」というのも商品ではない**のです。

世の中に貢献したい方向性を定め、スキルとニーズが掛け合わさって商品ができる。それがビジネスです。

「儲かる・はやっている」という単純な動機から作られた商品では世間に広がるレベルには値しません。商品がないにもかかわらず「売れ！」と言われても営業マンは売ることができません。

私はそのような会社に呼ばれた時は「商品を作りましょう」という提案から入るこ

とにしています。ただ難しいのは、経営者自身がまず自分と向き合い、やりたいことを明確にしなければ商品が生まれないというところです。

6 ありふれた商品をブランド化する方法

住宅会社によくあるのが「自然素材が売り」というもの。しかし、住宅業界では自然素材を扱っていない会社の方が少ないというのが実情です。そんな競合ひしめく環境で自然素材を売りにするのなら、さらに特徴を三つほど付け加えてオリジナリティを持たせる必要があります。

ありふれた特徴でも作り手から考えたスペック、お客さんのニーズ、自社だけのオリジナルなど複数の特徴を組み合わせることで唯一無二の商品を作ることは十分に可能なのです。名の知れた強い会社は、複数の売りを組み合わせることで自社ブランディングを成功させています。

理念やビジョンをしっかり固めて商品にまで落とし込めたところがマーケティングのスタートライン。あなたの会社の商品はいかがでしょうか?

第9章のまとめ

①ノウハウやテクニックの前に理念やビジョンをもう一度見直す。
②熱意がなければテクニックを駆使しても人の心には響かない。
③本当のブランディングとは、信念を伝え続けること。
④自社の理念を全社で体現することがマーケティング。
⑤商品力のない商品ではマーケティングできない。

あとがき

本書ではソーシャルメディアマーケティングに関するさまざまなツールやテクニックについて紹介してきましたが、取り組む前にまず考えてほしいのは「何をやるか」よりも「なぜやるか」という動機についてです。ソーシャル・ネットワーキング・サービス（SNS）はあくまで手段。だからこそ理念やビジョンをしっかりと定めることがスタートラインです。

最近は、企業がSNSを運用するのが当たり前のようになりましたが、片手間でなんとなく運用している企業と、理念やビジョンをもとに運用している企業とでは効果はもちろん、読者目線で見ていても違いが一目瞭然です。そう遠くない将来、Facebook や Instagram に代わる新たなツールが登場するでしょう。しかし時代が変わったとしても、理念やビジョンが構築されている企業は、手段を選ばずに効果的なWebマーケティングを展開できます。

私が飲食店を経営していた頃、チラシ集客に限界を感じて独学で取り組み始めたのがソーシャルメディアマーケティングの始まり。「そんなことやって、効果あるの？」と疑われたものですが、たった10年前のことです。今では世間的にもソーシャルメディアマーケティングが浸透して、素晴らしい成功事例を本書にご紹介できるまでになりました。

とはいえ、その成功のほとんどは私たちの力だけでなく、インターネットやSNSというまったく専門外の知識を一から身につけ、チャレンジ精神と創意工夫をもって一緒に取り組んでくれたクライアントの底力に起因する部分も大きいです。

私たちにご相談をいただいたクライアントは、マーケティングと言うと「ダイレクトレスポンスマーケティング」を想起される方が大多数でした。「〇円使えば〇人に届いて〇円儲かる」という計算式は、たしかに明快ではありました。緻密なオペレーションこそ必要になりますが、見通しが立つので予算もかけやすかったのでしょう。いまだに広告＝ダイレクトレスポンスマーケティングと考えている方も少なくないと思います。

その昔は広告の手段が限られていたこともあり、中小企業はダイレクトレスポンスマーケティングに活路を見出すしかなかったのかもしれません。しかし、情報収集の手段と経路が多様化した現代においては、もはやダイレクトレスポンスマーケティングでは機会損失とも言える事態を招くと私は思っています。ダイレクトレスポンスマーケティングが果実を取る作業なら、ソーシャルメディアマーケティングは森を育てる作業です。泥臭く取り組まなければならず、即効性はありません。目先の売上にとらわれることなく、つねにゴールを見失わず成果へとつなげてきた私たちのクライアントの努力と情熱に、尊敬の念を抱かずにはいられません。

ダイレクトレスポンスマーケティングのゴールが「契約」だとしたら、ソーシャルメディアマーケティングのゴールは自社のファンを獲得すること。ファンという抽象化された目標を実際に追い続けるのは骨の折れる部分もあり、目に見える成果が表れるまでは「これをやって意味があるのだろうか」と諦めそうになることもあるでしょう。苦しい壁に阻まれた時には、本書にご紹介した先輩たちの奮闘ぶりと「SNS運用は地道な努力の積み重ね」ということを、思い出していただきたいと思います。

もし自社の中に営業やマーケティングを熟知していて、記事作成や写真の知見など網羅的に理解しているスタッフがいれば、自社で行ってみるのも良いかもしれません。しかし「知識はないけれどソーシャルメディアマーケティングの必要性を感じている」「取り組みたいけど運用できる自信がない」という方は、どうぞ私たちにご相談ください。

本書を読んで「『新大陸』と一緒にチャレンジしたい」とお考えの方は、ホームページから資料請求もしくは東京・大阪・浜松・福岡のオフィスで行っている無料コンサルティングを利用してみてください。

本書に登場する
マーケティング・インターネット用語

運用型広告
Web広告手法の一つで、ターゲットを選定し、予算上限や配信期間、配信方法をコントロールしながら、成果を最大限にするよう運用していく広告。特定サイトの広告枠を予約して買い切る「純広告」に比べ、低い予算でも投下できる。

エンゲージメント
ＳＮＳでの投稿に対して、クリック、フォロー、いいね、コメント、シェアといったユーザーの反応（アクション）を指す。エンゲージメント率はＳＮＳを運用する上でユーザーとのつながり、絆を測る重要な指標の一つ。

カスタマージャーニーマップ
消費者が商品・サービス知ってから購入に至るまでの行動・思考・感情などを図式化したもの。マップ化することで行動の流れや全体像が俯瞰できる。

検索エンジン
インターネット上の情報を検索するシステム。Google、Yahoo! などがその代表。

コンテンツ
（主に電子化された）情報の中身、記事。ユーザーにとって有益なコンテンツを発信することで問い合わせや商品購入などのアクションへとつなげる施策を、コンテンツマーケティングという。キラーコンテンツとは、ターゲットを魅了し、成果へ導く力を持ったコンテンツのこと。

コンバージョン
Webサイト運営にあたって、マーケティングで目指すゴール・成果のこと。

アカウント
インターネット上に提供されるサービスを利用するための権利。LINE や Facebook などのＳＮＳを利用する際は、事前にアカウントの開設（会員登録のようなもの）が必要となる。

アドネットワーク広告
広告媒体のWebサイトを多数集めて「広告配信ネットワーク」を形成し、多数のWebサイト上で広告を配信する広告配信手法。Yahoo! ディスプレイ・アドネットワーク、Google ディスプレイ・ネットワークなどがその代表。

アプリ
アプリケーションプログラムの略。ＯＳ上にインストールして利用するソフトウェア全般を指す。スマートフォンやＰＣ、タブレットを使って何かをする時は、必ず何らかのアプリケーションを起動して作業をする。

アルゴリズム
問題を解決するための計算方法や処理手順のこと。Google のアルゴリズムとは、検索結果として、どのWebサイトをどういった順に表示するかといった基準（仕組み）を指す。

インプレッション
直訳は「印象」。広告用語としては、サイト上に表示された広告が見られた回数を指す。印象度が高ければインプレッションが伸びるため、インターネット上に広告を掲載している会社にとって、インプレッションは重要な指標の一つと言われる。

テレアポ
テレフォン･アポイントメント。企業のコールセンターなどで営業電話をかける仕事。自社の商品・サービスを知らないユーザーに電話で説明し、営業訪問の約束を取りつける。

トライ＆エラー
試行錯誤。正しくは trial and error（トライアル・アンド・エラー）。

トリプルメディア
トリプルは「3」という意味で、現代のＷｅｂマーケティングに欠かせない３つのメディアを総称してトリプルメディアという。

1「Owned Media（オウンドメディア）」＝保有するメディア。自社ホームページなど。

2「Earned Media（アーンドメディア）」＝評価されるメディア。ソーシャルメディア、ＳＮＳなど。

3「Payed Media（ペイドメディア）」＝費用を払って掲載する広告メディア。ＳＮＳ広告、Yahoo! 広告・Google 広告など。

人気投稿
検索したハッシュタグが含まれる投稿の中で特に人気の高いもの。ハッシュタグごとに９本選ばれ表示される。「いいね」やコメントを多くもらえた投稿や、ユーザーに気に入られて保存されている投稿は、人気投稿に選ばれる傾向にある。

ステークホルダー
企業活動の影響を受ける（利害関係にある）立場の人。具体的には、株主・経営者・従業員・顧客・取引先など。

セグメント出稿
ユーザーを特定の属性（性別、年齢、居住地、趣味趣向、行動パターンなど）によって選別し、広告配信をする手法。

セッション
ユーザーがサイトに訪問した回数。

ソーシャルメディア
情報の発信者と受信者がつながる双方向のメディア。利用者間のつながりによってコンテンツを作り出す要素を含んだWebサイトやネットサービスなどを総称していう。ソーシャル･ネットワーキング･サービス（ＳＮＳ）もソーシャルメディアの一つ。ブログ、動画共有サイト、動画配信サービス、ショッピングサイトのレビュー欄なども含まれる。

ダイレクトレスポンスマーケティング
広告やWebサイトで発信した情報に反応する形でニーズが顕在化したユーザーにアプローチし、直接商品やサービスを販売するマーケティング手法。

タイムライン
ＳＮＳで自分が発信した記事や画像などの投稿を一覧で表示する場所。

フラッシュマーケティング
割引価格や特典が付いた商品・サービスで期間限定のセールスを行う、Webマーケティング手法の一種。24〜48時間程度で瞬間的（瞬く間＝フラッシュ）に集客・販売を行う。特に、クーポンをインターネット上で販売する共同購入サービスを指すことが多い。

プラットフォーム
（オンライン・プラットフォーム）
システムやサービスの土台・基盤となる環境のこと。Webで商品やサービスを提供する企業と利用者が結びつく場所を提供することをプラットフォームビジネスという。

ブランディング
社名や商品をターゲット市場に認知・浸透させるため、市場における自社（商品）のイメージ・ポジショニングを明確化する活動。

マーケティング・ソリューション
マーケティング上の課題を解決するための提案や支援。

リスティング広告
検索連動型広告。検索エンジンでユーザーが検索したキーワードの検索結果として表示される広告。

リマインドDM
リマインドとは、思い出させる・思い起こさせるという意味。先のアクションから一定期間を経たユーザーに再認識を促すダイレクトメールのこと。

パラダイムシフト
社会通念、価値観などが革命的に変化すること。

ハッシュタグ
ＳＮＳへの投稿に「＃（ハッシュマーク）」をつけて、タグ（指令）として利用すること。ハッシュタグにキーワードを組み合わせて投稿することで、カテゴライズされて検索しやすくなるため、興味・関心を同じくするユーザーを探したり、情報を集めることが容易になる。

ハンガクロック
フラッシュマーケティング手法を取り入れた、静岡県に特化した共同購入型クーポンサイト。500店舗10万人の集客実績を上げ、「新大陸」のWebマーケティング運用事業の土台となった。

ビッグワード/ミドルワード/スモールワード
ハッシュタグ投稿に使うキーワードのうち、検索数が多いキーワードを「ビッグワード」中程度の検索数だと「ミドルワード」、検索数が少ないキーワードを「スモールワード」という。

フォロー / フォロワー
そもそもは「追跡」「補完」などを意味するが、ＳＮＳでの「フォローする」とは、相手が投稿した内容を自分のタイムラインに表示することを指す。フォローすることで相手の投稿に興味を持ったことを表明し、つねに相手の投稿をチェックできるようになる。「フォロワー」とは、「ある特定のユーザーをフォローしている人」のこと。自社アカウントのフォロワーが増えると情報発信の効率は高まる。

CPA
Cost Per Acquisitionの略。広告出稿の効果を計測する際に使う指標の一つで、1件あたりのコンバージョンにかかる広告費用を指す。広告費÷コンバージョン数で算出。

CPC
Cost Per Clickの略。インターネット広告の効果を計測する際に使う指標の一つで、クリック単価のこと。コスト÷クリック数で算出。

CTR
Click Through Rateの略。インターネット広告の効果を計測する際に使う指標の一つで、広告が表示された際のクリック率のこと。クリック数÷インプレッション 数で算出。

CVR
Conversion Rate の略。ホームページを訪れた人がコンバージョンに至った割合のこと。コンバージョン数÷Webページ流入数・クリック数で算出。

FC
Franchise Chain（フランチャイズ・チェーンの）略。特定の経営ノウハウを持つ企業が、商標や商品・サービスなど経営ノウハウを含めた販売権を加盟店に提供し、加盟店は対価として定められた権利使用料を支払うビジネス形　態。

ロングテールキーワード
コンバージョンにつながるよう複数の単語を組み合わせた複合キーワード。検索数の多いビッグワードを軸に、検索母数が少なくても検索意図の明快なミドルワード・スモールワードを複数組み合わせる。

AIDMA
消費者の購買決定プロセスを説明するモデルの1つ。消費者はAttention（注意）、Interest（興味）、Desire（欲求）、Memory（記憶）、Action（行動）というプロセスを経るという考え方。マスメディアがメインであった時代の購買モデル。

AISCEAS
インターネットが発達しWebマーケティングが主流となった現代の購買モデル。Attention（注意）Interest（興味）Search（検索）Comparison（比較）Examination（検討）Action（行動）Share（共有）というプロセスのうち、検索・比較・共有はソーシャルメディア特有の行動。

B to Bビジネス
(business to business)
企業を相手にしたビジネス。

B to Cビジネス
(business to consumer)
消費者を相手にしたビジネス。

Pinterest（ピンタレスト）
画像共有サイト（https://www.pinterest.jp/）。Webサイトで発見した画像を収集しブックマークするツールとして活用されている。

SEO
Search Engine Optimizationの略で「検索エンジン最適化」の意。Webサイトへの検索流入数やコンバージョンを増やすために行う施策。検索エンジンでより上位に表示させたり、よりクリック数が増えるようにしたりするための施策が含まれる。

SNS
Social Networking Service（ソーシャル・ネットワーキング・サービス）の頭文字をとった略称。インターネットを介して関係構築ができるWebサービスの総称。Twitter、Facebook、Instagram、LINEなどが代表的。

USP
Unique Selling Propositionの略。企業独自の売り。他社では手に入れることができない商品・サービスなど。

Web
World Wide Web（ワールド ワイド ウェブ）を短略化した略称。インターネットを利用して、画像や映像、音楽などさまざまな情報を公開したり、閲覧したりする仕組みのこと。

Google アナリティクス
Googleが無料提供するアクセス解析ツール。サイトの訪問者数、滞在時間、使用デバイスなど、サイトに訪れたユーザーの行動データを計測でき、施策の効果が検証できる。解析ツールはYahoo！解析などもある。

Google サーチコンソール
Googleが無料提供する高機能サイト解析サービス。どのような検索ワードで、どのくらいクリックされたかなどの検索結果から、ユーザーがサイトを訪問するにいたった行動が計測でき、サイトのパフォーマンスの管理ができる。

KGI
（Key Goal Indicator/重要目標達成指標）ビジネスの最終目標を定量的に評価する指標。

KPI
（Key Performance Indicator/重要業績評価指標）目標達成プロセスのパフォーマンスを定量的に評価する指標。

LTV
Life Time Valueの頭文字をとった略語。顧客が生涯を通じて企業にもたらす利益。一般に商品・サービスへの愛着（ロイヤルティ）に比例すると言われる。

O to O
Online to Offlineの略。O2Oとも。ネット上（オンライン）から、ネット外の実在店舗（オフライン）での行動へと促す施策のこと。もしくはその逆（Offline to Online）の消費行動。

鈴木《すずき》宏佳《あつよし》（株式会社新大陸　代表取締役CEO）

1979年、静岡県浜松市生まれ。関西学院大学卒業後、人材コンサルタント会社「ワイキューブ」入社。コンサルティング営業、名古屋支社長を歴任後、東京で営業コンサルティングの新規事業を統括。

4年後、退職して1年間の世界放浪の旅に出る。帰国後は父の経営するラーメン店10店舗を事業承継するも、経営は難航。経営の立て直しに際して、インターネットやソーシャルメディアを駆使して集客の仕組みを作り上げたことをきっかけに、2013年、ソーシャルメディア運用サービス事業を立ち上げる。株式会社新大陸をWebマーケティングのエキスパート集団に磨き上げ、2015年には東京オフィス、2017年に大阪オフィス、2018年に福岡オフィスを開設し、全国各地の店舗経営者、中小企業延べ350社へ支援を行ってきた。全国主要都市にて各種Webマーケティングセミナーを行い、ノウハウを公開中。

書籍コーディネート　有限会社インプルーブ　小山睦男
装幀・組版　早川デザイン
校　　正　角田由紀子

SNSで売る！「いいね」を「買います」に変えるテクニック

2020年5月27日 第1刷発行
2020年7月31日 第2刷発行

著　者　鈴木宏佳

発行者　山中洋二

発　行　合同フォレスト株式会社
郵便番号 101-0051
東京都千代田区神田神保町 1-44
電話 03（3291）5200　FAX 03（3294）3509
振替 00170-4-324578
ホームページ https://www.godo-forest.co.jp

発　売　合同出版株式会社　郵便番号 101-0051
東京都千代田区神田神保町 1-44
電話 03（3294）3506　FAX 03（3294）3509

印刷・製本　株式会社シナノ

■落丁・乱丁の際はお取り換えいたします。

ISBN 978-4-7726-6166-9 NDC 675 188×130

合同フォレストのホームページ（左）・
Facebookページ（右）はこちらから。
小社の新着情報がご覧いただけます。